Cómo ayudar a sus hijos en el colegio

Reynold Bean

Cómo ayudar a sus hijos en el colegio

Traducción de
Flora Casas

Círculo de Lectores

Agradecimientos

Era una noche espléndida, en una casa preciosa, con personas agradables y una comida deliciosa preparada por el mejor restaurador de Santa Cruz. Buen momento para hablar de los niños y el colegio, y quiénes podían prestarme mejor ayuda que unas personas que han estado colaborando en la educación de los niños desde hace años: Carolyn McKennon, Dick Patterson, Mike James, Thom Dunks, Carl Pearson, Dave Schumaker, Liz Merriam, Penny Chesluk y Stan Bovee, directores, administradores y profesores, todos ellos destacados educadores que han dado sobradas muestras de su amor por los niños y de su compromiso y entusiasmo en la tarea educativa. Han demostrado que educador es un título honorable cuando la labor se realiza debidamente. Este libro va dedicado a ellos y a los profesores y empleados de la Soquel Union Elementary School District, del condado de Santa Cruz, California, un grupo especial que se dedica a ayudar a los niños en el colegio, con todo cariño y respeto.

Introducción

Si se considera que todo en la vida es igual, ¿por qué, entonces, algunas personas parecen ser más productivas, más felices y tener más éxito que otras? ¿Qué es lo que les concede estas ventajas? Se han llevado a cabo numerosas investigaciones sobre los factores que contribuyen a aumentar las posibilidades de éxito del individuo, ya sea en el plano profesional, familiar o personal y, como ocurre tantas veces con los estudios comparativos, resulta difícil determinar cuál es el factor más importante. Algunos expertos están convencidos de que la capacidad de triunfo del individuo es algo hereditario, consecuencia de rasgos genéticos que se transmiten de padres a hijos. Otros piensan que el factor determinante radica en el entorno en el que se desarrolla el niño, mientras que otros creen que se trata de una combinación de ambos factores. Parece que algunos niños nacen ya con un talento especial, con una inteligencia superior a la media, un carácter fuerte y una disposición favorable, mientras que otros no. Pero independientemente de los factores socioeconómicos y de la estructura genética de los padres, todos los niños tienen en la actualidad las mismas posibilidades de acceder a la educación. Pertenezca a la clase que pertenezca y posea una inteligencia heredada o no, todo niño se encontrará hoy en día con las mismas posibilidades de adquirir los conocimientos que le ayudarán a llevar una vida productiva al llegar a la edad adulta. Es el niño que aprovecha al máximo estas oportunidades el que contará con la ventaja definitiva, la que separa el triunfo de la mediocridad o el fracaso.

Lo anterior no significa que el fracaso escolar equivalga al fracaso vital o viceversa. Sin duda, existen excepciones, personas que no pasaron de la escuela primaria o que no se lucieron especialmente durante sus años escolares pero que acabaron por triunfar en la vida, y otras que, auténticas lumbreras en el colegio, fracasaron vitalmente. Si bien no se puede afirmar que el éxito escolar esté directamente relacionado con el éxito en la vida, salta a la vista que ambos no están reñidos.

El presente libro trata sobre las medidas que pueden tomar los padres para ayudar a sus hijos en el colegio. En mi condición de profesor, administrador, asesor y miembro del consejo escolar, soy consciente de las limitaciones que sufren la mayoría de los colegios, y también de sus ventajas, motivo por el que los padres deben participar en la educación de sus hijos. Los padres deben ser defensores de los hijos, guiarlos y apoyarlos, pero también aprender a quedar en la sombra con el fin de que ellos aprendan a su vez a asumir responsabilidades en el colegio. Los niños no pueden alcanzar el éxito sin los padres, pero éstos tampoco pueden actuar por ellos.

No hace falta ser una persona de gran cultura para ayudar a los hijos en el colegio, ni ser rico, ni haber leído mucho ni poseer un elevado coeficiente intelectual. Tampoco es necesario adquirir métodos de aprendizaje especiales. Basta con tener unas expectativas que se ajusten a lo razonable y una actitud positiva. El objetivo consiste en desarrollar en el niño un fuerte deseo de aprender, un elevado grado de autoestima, sentido de la responsabilidad y la confianza en sí mismo necesaria para llevar a cabo las tareas escolares.

El presente libro ayudará a los padres a enfrentarse a la educación de los hijos de una forma que les resulte útil tanto a ellos como al colegio y a los profesores. En estas páginas podrán aprender a aprovechar los recursos escolares en beneficio de los niños y a conocer ciertas técnicas para resolver problemas burocráticos de modo que las autoridades académicas no nieguen a los alumnos oportunidades importantes.

Cómo ayudar a sus hijos en el colegio va dirigido sobre todo a cubrir las necesidades de la educación preescolar y básica porque es ésta la época en la que los padres deben empezar a preparar a los hijos para que triunfen en el colegio. El niño que necesita ayuda en la enseñanza secundaria quizá no recibiera la guía paterna desde el principio, y en esto consiste precisamente la base de todo.

Reynold Bean
Aptos, California

Sección I

Estrategias básicas que debe desarrollar el niño para triunfar en el colegio

1
La responsabilidad, clave del éxito

La responsabilidad no es algo genético, sino que hay que aprenderla a través de la experiencia (para más detalles sobre el tema, ver *Cómo enseñar a sus hijos a ser responsables*).

Los niños deben hacer lo que se les exige en el colegio, pero para la mayoría de estas tareas no se necesita una inteligencia superior. Aunque el hecho de ser listo proporciona al alumno una ventaja escolar, le beneficia aún más el ser capaz de aceptar responsabilidades. No resulta nada agradable dar clase a niños inteligentes que carecen de sentido de la responsabilidad o de interés por aprender, y además se labran su propio fracaso.

Resulta casi imposible refrenar a los niños con sentido de la responsabilidad, pues saldrán bien parados en la mayoría de las tareas que acometan. Los niños a quienes se les ha inculcado este sentido desde pequeños tendrán éxito en todo cuanto hagan, incluso en las épocas de rebelión, cuando crezcan. Los irresponsables son capaces de volver loco a cualquier profesor, pero todos ellos son irresponsables en un momento dado, pues esta actitud forma parte del proceso de crecimiento.

Definición de la responsabilidad

La mayoría de los adultos considera responsable a un niño si éste hace lo que supuestamente debe hacer. Este punto de vista no es totalmente erróneo, si bien resulta más complicado y limitado cuando se aplica a niños mayores.

La esencia de la responsabilidad consiste en ser capaz de tomar decisiones de una forma independiente para hacer lo que más conviene en cualquier situación. Las *decisiones independientes* que forman parte de esta definición constituyen la prueba de que los niños responsables no necesitan a los adultos para que les digan constantemente lo que tienen que hacer; por el contrario, saben lo que se espera de ellos y lo hacen. El otro punto de la definición, *lo que conviene,* resulta algo más confuso, porque depende de la definición individual de conveniente, y cada persona tiene un punto de vista diferente.

En los primeros años escolares, los niños deben depender de los adultos, que les aconsejarán lo más conveniente en cualquier circunstancia. A medida que van creciendo, pensamos que comprenderán qué es lo más conveniente y actuarán en consecuencia, pero, también a medida que crecen, deben desarrollar sus valores sobre el bien y el mal y comenzar a explorar las diferentes alternativas, algunas de las cuales serán consideradas inconvenientes por los adultos. Es entonces cuando las cosas empiezan a presentarse confusas. A partir de este momento, el comportamiento responsable se hace más subjetivo, más abierto al debate, a diferencia del comportamiento basado en normas claras y rígidas.

La responsabilidad en la clase

Los niños a quienes se ha enseñado a ser responsables en casa habrán aprendido a organizar y asumir las consecuencias de sus actos, ya sean éstos buenos o malos. La mayoría de las tareas que hay que realizar en casa debe hacerse a unas horas determinadas y bajo ciertas condiciones, y se derivan ciertas consecuencias si no se hacen las cosas correctamente. Los niños se encuentran con una situación similar en el colegio. Las tareas de aprendizaje se desarrollan en momentos determinados, hay que realizarlas de un modo determinado y si no se realizan correctamente, hay consecuencias. Los niños que se han enfrentado anteriormente con esta situación no se tomarán el colegio como una experiencia extraña: el proceso les resultará familiar y se sentirán a gusto. Si no todos, la mayoría de los niños que empieza a tener problemas en los primeros años de escolarización no se sintió a gusto en clase desde el principio.

Los que han aprendido a actuar correctamente por sí solos, sin necesidad de que los adultos les indiquen lo que deben hacer, tendrán muchas más oportunidades de triunfar en el colegio que los que necesitan que se les diga constantemente cómo deben obrar, y por una razón muy sencilla: en la mayoría de las clases existe un profesor por cada 30 alumnos. A veces, el profesor cuenta con ayuda de otras personas, pero evidentemente no puede llevar a todos los niños de la mano, uno por uno. Los niños que han aprendido a comportarse sin la guía constante de los adultos tomarán la iniciativa de resolver los problemas por sí mismos. Pasarán rápidamente de una tarea a otra, y si la terminan buscarán enseguida más trabajo para mantenerse ocupados en lugar de esperar las órdenes del profesor. Esta actitud se gana el favor de los profesores, que prefieren a los niños que realizan sus tareas sin depender constantemente de ellos.

La responsabilidad ayuda al niño a enfrentarse a la tensión

El colegio puede producir gran tensión en muchos niños, porque tienen que tomar decisiones continuamente, como las siguientes:

- ¿Dónde irá esto?
- ¿Tengo que poner esto aquí o allí?
- ¿Cuál es la respuesta correcta, ésta o aquélla?
- ¿He terminado o no?
- ¿Qué color tendré que utilizar?
- ¿Qué puedo hacer con este niño que me está molestando?
- ¿Debo pedir ayuda al profesor?

El temor al fracaso, a otros niños, a parecer tonto, la vergüenza ante ciertas características personales, el temor a ser rechazado, a ser aceptado y otros muchos factores también pueden producir tensión en el niño, tanto si estos factores se basan en experiencias reales como si son puramente imaginarios. Muchos niños que no pueden soportar la tensión tienen graves dificultades para retener lo aprendido y problemas de conducta o aprendizaje.

Por otra parte, los niños que han aprendido a aceptar responsabilidades en temas importantes (para su edad y grado de desarrollo) poseen cierta experiencia a la hora de superar la tensión y se encuentran mejor preparados para enfrentarse a ella en el colegio. El niño que ha aprendido a tomar decisiones y a asumir responsabilidades en una serie de obligaciones y tareas caseras contará con considerables ventajas para enfrentarse con las situaciones de aprendizaje en el colegio sin sufrir una tensión excesiva. Empezará a utilizar estas estrategias desde el primer día en la guardería cuando el profesor diga: «Y ahora, niños, vamos a sentarnos en círculo cogidos de la mano y a escuchar en silencio». ¡Yo conozco a unos cuantos adultos a quienes les costaría mucho trabajo hacer otro tanto!

Cómo enseñar el sentido de la responsabilidad al niño

Si se ha enseñado debidamente al niño a enfrentarse a las responsabilidades en casa, habrá aprendido a actuar con corrección. Actuar con corrección implica el trazado de un baremo claro y que el niño haya aprendido una serie de estrategias eficaces para alcanzar su altura. Se le ha permitido cometer errores, aprender de ellos y valorar y corregir su propia actuación.

Enseñar al niño a ser responsable no sólo forma su carácter, sino que deriva en una serie de complejas técnicas o estrategias de una importancia fundamental para el colegio. La enseñanza de la responsabilidad empieza cuando se expone al niño la idea de lo felices que hace a los padres que cuide de sí mismo, experiencia que debe tener lugar mucho antes de que empiece a ir al colegio. Si se aplican constantemente buenos métodos a la enseñanza de la responsabilidad, el niño contará con una experiencia considerable a la hora de realizar tareas semejantes a las que encontrará en el colegio.

Si los padres no han hecho todo esto antes de que el

niño comience a ir al colegio y empiezan a ver los resultados, que se reflejarán en un bajo rendimiento y actitudes negativas ante el colegio, no deben esperar más tiempo. Nunca es demasiado tarde para enseñar a los hijos a ser responsables, pero cuanto más se espera, más difícil resulta. Como ya dije al principio de este capítulo, para encontrar más detalles conviene consultar *Cómo enseñar a sus hijos a ser responsables*.

2
Despertar el deseo de aprender

Ayudar a los niños a tener éxito en el colegio resulta tarea fácil si realmente quieren aprender. En realidad, si el niño tiene un profundo deseo de aprender y está convencido de que el colegio es importante, el éxito está prácticamente garantizado. Pero tal actitud raras veces se da de una forma natural. Las actitudes se desarrollan, no se heredan, y es responsabilidad de los padres desarrollar una actitud positiva hacia el colegio en los hijos.

Sin embargo, es difícil que a un niño le guste aprender por propia decisión. A unos niños les gusta aprender, a otros hacer y a otros ser. Si a uno no le gusta aprender pero se siente fuertemente motivado para triunfar, tendrá excelentes oportunidades en este terreno.

La escolarización y el aprendizaje no son una y la misma cosa. La escolarización es un proceso que consiste en cumplir con los requisitos impuestos por la institución escolar de forma que permita al niño desenvolverse con éxito en él. Por tanto, el objetivo de los padres debe dirigirse a fomentar una actitud positiva en los hijos y a darles motivaciones para tener éxito en el colegio, y cuanto antes, mejor.

Preparación para la guardería

Los padres pueden hacer muchas cosas para preparar al niño antes de que empiece a ir a la guardería. Si bien desarrollar ciertas estrategias básicas puede resultar de gran ayuda, no debe ser éste el objetivo principal. Conviene centrarse en el desarrollo de la actitud del niño hasta el extremo de que esté deseando empezar el colegio. A continuación ofrecemos varias sugerencias sobre cosas que deben y no deben hacerse en la época de preparación para la guardería.

Cosas que deben hacerse

- Hablar del colegio de una forma positiva. Aprovechar cualquier ocasión para sacar el tema a colación: al pasar por delante de un colegio o cuando aparezcan escenas escolares en la televisión. Se debe intentar transmitir al niño las experiencias positivas del colegio: los deportes que se practicaban, los profesores preferidos de los padres, los amigos, los clubs, etcétera.
- Cuando se aproxime el momento de empezar a ir a la guardería también se debe empezar a preparar al niño en tareas caseras y cotidianas, que le servirán de ayuda en el colegio; por ejemplo, normas más rígidas a la hora de acostarse, imponer momentos de tranquilidad para la lectura y los juegos, que más adelante podrán dedicarse a los deberes escolares. Se debe comenzar a dar mayor importancia a los libros y otros materiales escolares –lápices, dibujos, mapas– y comentarle al niño que en el colegio encontrará muchos más.
- Conviene empezar a ir a bibliotecas si no se ha hecho todavía. Las bibliotecas ofrecen un entorno ex-

celente para desarrollar actitudes positivas ante la lectura y los libros. Muchas comunidades patrocinan sesiones de lectura infantil en las que se puede dejar a los niños con otros compañeros de su edad para que se aficionen a la lectura. Si los padres no cuentan con una biblioteca cercana, deben adquirir el mayor número posible de libros y revistas, pero no es necesario que compren un montón de enciclopedias.

- Aunque el adulto no tenga la misma impresión, al niño de corta edad el colegio le parecerá gigantesco, con pasillos kilométricos, aulas como campos de fútbol y millares de alumnos, un lugar intimidante y peligroso. Por eso conviene llevar al niño a un colegio antes de que empiece la edad escolar, con el fin de desmitificarlo y permitirle acostumbrarse al tamaño, los ruidos y la confusión.
- Cuando los padres sepan a qué aula asistirá el niño, deben llevarlo a que conozca al profesor antes del primer día de curso, para que no se sienta tan perdido. Se debe insistir en conocer al primer profesor del niño incluso si en el colegio piensan que se trata de una imposición por parte de los padres.
- Los padres pueden jugar con sus hijos a «ir al colegio» de vez en cuando, pasar un rato enseñándoles los números o las letras, e insistiendo en que en el colegio aprenderán mucho más. Con los libros que se les lea se les puede ayudar a reconocer las letras. No es necesario enseñarles a leer, pero sí ayudarles a descubrir qué pueden aprender. Es más importante que comprendan esto, pues aprenderán a leer rápidamente en el colegio si tienen una actitud positiva ante el aprendizaje y están preparados desde el punto de vista del desarrollo.

- Conviene preparar un lugar para el material escolar antes de que el niño empiece a ir al colegio y mantenerlo una vez que haya empezado, reservar un sitio especial para sus libros, ropas, cartera, etc. Que el niño cuente con un sitio para sus «cosas» del colegio es comparable a que el padre y la madre tengan su lugar de trabajo. Se debe resaltar esta semejanza, porque el niño sabe que el trabajo es importante, y por consiguiente aprenderá que también el colegio es importante.
- Conviene exponer los dibujos o escritos del niño antes de que empiece a ir al colegio y seguir haciéndolo con las tareas que traiga a casa. La puerta del refrigerador es un buen lugar.
- Hay que resaltar que muchas de las cosas que gustan a los padres las aprendieron en el colegio. Éstos deben contarle al niño anécdotas de sus años escolares y por qué les gustaba el colegio. Si no les gustaba, deben decirle por qué piensan que de todos modos es importante.
- Si el niño asiste a preescolar, se puede utilizar a los profesores para desarrollar actitudes positivas ante el colegio, comentando con ellos su interés porque el niño desarrolle dichas actitudes.
- Si los padres trabajan y alguien cuida del niño, deben averiguar si la persona en cuestión tiene actitudes positivas hacia el colegio.

Cosas que no se deben hacer

- Precipitar el aprendizaje. No se debe intentar enseñar a leer al niño ni que sepa contar hasta cien, escribir el alfabeto, su nombre o reconocer perfectamente los colores y las formas geométricas si él no muestra tal disposición o se niega a aprenderlo. Si muestra entusiasmo, muy bien, pero si es al contrario y se le obliga, quizá no lo consiga y asocie este fracaso con el colegio. A nadie le gustan los fracasos. Hay que dejar que el niño se desarrolle de una forma natural, prestándole apoyo y guía y creando un entorno que le dé la oportunidad de desarrollar sus habilidades a su propio ritmo. Los padres no deben excederse ni manifestar decepción si el niño no está a la altura de sus expectativas, porque lo notará y empezará a tener miedo al fracaso, hasta el punto de abandonar cualquier tentativa de aprendizaje. Gran parte del aprendizaje guarda estrecha relación con el fracaso: con el fin de aprender lo que está bien, el niño también debe aprender lo que está mal.

- No se debe dar por supuesto que el niño esté preparado para ir a la guardería simplemente porque haya llegado a cierta edad. Para que mantenga una actitud positiva ante el colegio debe estar suficientemente desarrollado desde el punto de vista social y emotivo. Un elevado grado de inteligencia no es garantía de que esté preparado. Para asegurarse, conviene someter al niño a una «prueba de preparación para la guardería» que ofrecen muchos colegios.
- No vale la pena adquirir ordenadores, libros de aprendizaje ni otros materiales con la idea de que ayudarán al niño a desenvolverse bien en el colegio. Aunque tales elementos pueden resultar interesantes, las investigaciones han demostrado que lo más efectivo es la actitud positiva y el apoyo de los padres, elementos totalmente gratuitos.
- Los padres no deben intentar enseñar al niño lo que, a su juicio, necesitará saber en el colegio pensando que la enseñanza que ellos recibieron es igual

que la que recibirá el niño. Lo más probable es que se equivoquen. El mundo actual es muy distinto al de la época escolar de los padres, y lo mismo ocurre con la educación. Es cierto que se siguen enseñando las «cuatro reglas», pero también conocimientos básicos de informática, incluso en primaria. Por tanto, no se deben fomentar expectativas que quizá no lleguen a cumplirse, pues sólo contribuirán a crear confusión.

- No se debe poner como ejemplo de las virtudes del colegio a otros niños, pues quizá los niños se convenzan de que tienen que ser como ellos si quieren obtener éxito. Tampoco convienen las comparaciones con los hermanos mayores, porque la tensión que crearía el esfuerzo de ajustarse a estas exigencias podría desembocar en el fracaso y, en último término, en falta de autoestima.

Cómo superar las críticas al colegio

Muchos niños están sometidos a comentarios negativos sobre el colegio, circunstancia que dificulta el que lo consideren una experiencia positiva. Incluso existen personas relacionadas con la enseñanza que no tienen buena opinión de ella, a pesar de ganarse la vida así. Si el niño se topa con un profesor de ideas equivocadas, el aprendizaje se convertirá en una tarea ardua. También puede suceder que tenga hermanos o familiares con actitudes negativas ante el colegio, o que los padres hayan vivido malas experiencias escolares y que las transmitan a los hijos, consciente o inconscientemente. La actitud de los padres ante el colegio y el modo de comunicarla ejercen una fuerte influencia en los sentimientos del niño al empezar la época escolar, pues sus propias experiencias se reflejarán en su actitud a medida que pase de un curso a otro. Por eso, quizá los padres tengan que esforzarse aún más con el paso del tiempo para mantener la creencia de la importancia del colegio. Es probable que discutan frecuentemente sobre el tema, lo que contribuirá a que el niño comprenda lo importante que es.

Una de las cosas más interesantes que pueden hacer los padres realmente preocupados por sus hijos es desarrollar en ellos actitudes positivas ante el colegio. Si esto se combina con el sentido de la responsabilidad, se habrá preparado al niño, que tendrá excelentes oportunidades de triunfar en el colegio.

3
La importancia de la inteligencia

La naturaleza de la inteligencia es objeto de encendidos debates entre científicos, investigadores y estudiosos desde hace siglos. Aunque en la actualidad se tienen grandes conocimientos sobre el tema, continuamente aparecen teorías y estudios nuevos que ponen en entredicho los anteriores. Existe aún la duda de hasta qué punto el intelecto del individuo es algo heredado y hasta qué punto se desarrolla. Tampoco se sabe con certeza si el niño puede sobrepasar el intelecto que posee genéticamente, pero es posible que lo aumente si los padres actúan debidamente.

Los tipos de inteligencia

Algunos expertos piensan que existen diferentes clases de inteligencia, y una observación poco profunda podría confirmar esta idea. Algunas personas que no se desenvolvieron demasiado bien en el colegio llevan una vida plena y productiva, mientras que todo el mundo conoce a las típicas lumbreras que aprobaban todos los exámenes y que, sin embargo, no han sido capaces de resolver los aspectos prácticos de la vida. El hecho de que el niño no posea una inteligencia superior no significa que esté condenado a ser un perdedor.

La *inteligencia verbal* resulta sumamente útil en el colegio, porque gran parte del aprendizaje se basa en el lenguaje. Un segmento importante del denominado «alto intelecto» consiste en la inteligencia verbal, en la información que se aprende o expresa verbalmente. Lo más probable es que exista también una *inteligencia creativa,* que permite a las personas ver nuevas posibilidades en las fuentes de información corrientes. No cabe duda de la existencia de una *inteligencia analítica,* que permite ver partes lógicas de procesos completos y manipularlas de diversas formas. Con la *inteligencia expresiva* se pueden encontrar formas adecuadas para demostrar la combinación individual de pensamientos y sentimientos de forma que se comuniquen a otros. Se cree que los buenos atletas poseen una *inteligencia física* que les permite la coordinación entre las intenciones de la mente y la capacidad del cuerpo para llevarlas a la práctica. Con la *inteligencia artística* se encuentran medios para traducir la imaginación en formas materiales satisfactorias. La *inteligencia para resolver problemas* se refleja en la capacidad práctica de una persona para idear soluciones a los problemas que surgen en la vida cotidiana. Las personas que aprenden a ver cosas que pasan desapercibidas a otras demuestran una *inteligencia perceptiva.* Existen muchos tipos de inteligencia, y todos los niños la poseen en mayor o menor grado.

Como en los colegios se tienen cada día más conocimientos sobre las diversas clases de inteligencia y existen programas para desarrollarlas, los niños que antes no tenían grandes posibilidades de salir airosos pueden encontrar otras formas de desarrollo.

Las pruebas de coeficiente intelectual

El relativo mérito de las pruebas de coeficiente intelectual es otro tema de debate entre psicólogos y educadores, pero todos parecen estar de acuerdo en un punto: que el coeficiente intelectual del niño no constituye el único factor determinante de la calidad de vida.

Yo sufrí durante mucho tiempo por el dichoso coeficiente intelectual. Durante la mayor parte de mi época escolar no fui un estudiante aventajado; por el contrario, mi comportamiento se consideraba problemático. Una de mis travesuras consistió en irrumpir en el archivo del colegio. Junto con varios de mis compañeros, revisé mi expediente y el de ellos, documentos secretos en aquellos días. En las carpetas aparecían, bien visibles, nuestros coeficientes intelectuales. A pesar de ser el jefe de la banda, el mío era el más bajo del grupo, bastante normal. Sufrí durante mucho tiempo en silencio, pensando que no poseía la inteligencia necesaria para contarme entre las mentes más destacadas de los diversos colegios a los que asistí. Ahora, aconsejo a los estudiantes que no miren sus expedientes, a menos que quieran pasar un mal rato.

Muchos días, el resultado de aquella prueba se habría considerado exagerado en comparación con mi rendimiento escolar, mientras que otros demostraban gran inteligencia. Sin embargo, nunca me he armado del valor suficiente para volver a someterme a una prueba de CI ni he visto la de ninguno de mis hijos. Lo fundamental en este tema es lo siguiente: no dar gran importancia a este tipo de pruebas. No indican necesariamente el alcance de la inteligencia total y mucho menos si el niño tendrá éxito en el colegio.

Como argumento en favor de una actitud positiva

ante la inteligencia, me gustaría ofrecer otra experiencia personal, sin olvidar lo que acabo de decir sobre mi CI. Un año, en el instituto, me colocaron en la clase de inglés con los mejores estudiantes del colegio, todos ellos con excelentes notas. A mí me ocurría lo contrario. En realidad, sigue siendo un misterio para mí por qué me metieron en aquella clase. Tomé la firme decisión de hacer cuanto estuviera en mi mano para lucirme ante aquellos chicos y chicas tan listos, no tanto por nobleza como por temor a parecer tonto. Aquella clase acabó por ser la más difícil de mi *curriculum,* y tuve que trabajar mucho. El notable que me pusieron al final del semestre significó para mí mucho más que el sobresaliente que obtuvieron los demás chicos. Nadie pensaba que yo fuera capaz de obtener buenos resultados, pero con mi actitud positiva y el fuerte deseo de triunfar superé las posibles deficiencias de mi inteligencia.

4
El éxito escolar depende de más factores de lo que se cree

Se dice que la única diferencia entre los seres humanos y los animales es que aquéllos son capaces de razonar. La educación no consiste tan sólo en aprender hechos y números, si bien no se puede llegar muy lejos sin conocerlos. El éxito en el colegio depende de la capacidad del niño para *pensar* o *razonar,* y no necesariamente de lo que pueda recitar de memoria. Si el niño sabe pensar con eficacia, el proceso de aprender hechos y números se produce de una forma automática, siempre y cuando se enseñe debidamente. Los niños que saben pensar poseen una ventaja especial en el colegio, y los padres pueden ayudar a desarrollar esta técnica.

El pensamiento parece algo muy complicado, un tema propio de un sesudo libro sobre el cerebro más que de un manual destinado a ayudar a los hijos en el colegio, pero no es así. Está relacionado con la capacidad para resolver problemas, encontrar las pautas que rigen los materiales complejos, razonar partiendo de ciertas premisas y encontrar el sentido de cosas que no lo tienen a primera vista. Esto es a lo que se refieren los educadores, en términos generales, al emplear el término «estrategia de reflexión». En muchos colegios se dedican tiempo y atención al desarrollo de esta estrategia, porque se ha descubierto que los niños no lo hacen bien. Poseer un cerebro que funcione no garantiza que se sepa pensar debidamente, como sabrá cualquiera que haya cometido un error tonto, haya pasado por algo que conoce sobradamente o no haya entendido algo evidente. No puede sorprender que los niños no piensen de una forma consistente; es algo que tienen que aprender a hacer.

La comunicación

No hace falta ser educador o psicólogo para ayudar a los hijos a aprender a pensar de una forma que contribuya a que tengan éxito en el colegio. Uno de los pasos más importantes para desarrollar la estrategia de reflexión es la *comunicación.* La forma de comunicarse con los hijos y el lenguaje que se utiliza en la casa contribuirán a enseñar a los niños a pensar.

Comunicación y lenguaje son palabras un tanto curiosas para describir los actos de *hablar* y *escuchar,* términos más corrientes que todo el mundo entiende. Los niños a los que se les habla y escucha con respeto por su inteligencia cuando son pequeños suelen pensar mejor cuando se hacen mayores. Esto no significa que haya que hablar a los hijos en términos académicos o eruditos, pero sí con frecuencia, dedicando tiempo a explicar detenidamente las cosas que no entienden y a escucharles. Lo más importante consiste en no subestimar su capacidad para comprender lo que se les dice. Se trata de animar a los niños a que hablen de lo que piensan, y así se les ayudará a aprender a pensar.

El proceso debe comenzar inmediatamente después del nacimiento del niño. Algunos psicólogos piensan que resulta beneficioso hablar al niño cuando está aún en el útero materno, evitando el típico lenguaje de «gu-gú, da-da». Si lo que se intenta es que aprenda a hablar como los adultos, este balbuceo no servirá de nada. Por el contrario, él lo percibirá como algo incoherente. Cuando un bebé sonríe ante un balbuceo, es una reacción a cómo se dice, no a lo que se dice.

No se debe subestimar la capacidad del niño para comprender al adulto

Existe una idea errónea muy extendida, que todo padre debe evitar. Muchos adultos piensan que los niños pequeños, cuando empiezan a gatear, no entienden bien lo que se les dice, basándose en que a esa edad los niños no se expresan bien verbalmente. Lo cierto es que la capacidad de comprensión del niño se desarrolla con mayor rapidez que su capacidad para expresar verbalmente lo que piensa. Que los niños hablen con tanta insistencia, incluso antes de que entendamos una sola palabra de lo que dicen, viene a demostrar que empiezan a pensar antes de que aprendan la lengua, y los adultos entienden la mayor parte de las cosas que dicen en esta etapa. Muchas personas piensan que el niño no las entenderá si le hablan como a un adulto o si le explican un principio complejo, aunque sea con palabras sencillas, en lenguaje «de verdad», y esto no es necesariamente cierto. Si el niño se acostumbra a oír hablar en un lenguaje adecuado, le resultará más fácil comunicar pensamientos e información complejos. Cuanto más compleja y sofisticada sea su capacidad de lenguaje, mejor pensará.

Resolver los problemas

Cuando el niño ha aprendido a comunicar sus necesidades y a decir a los padres lo que quiere que éstos sepan, habrá llegado el momento de enseñarle a pensar. Una de las cosas más importantes que pueden hacer los padres es alentar al niño a resolver problemas por sí solo. La capacidad de pensar va precedida por la capacidad de resolver problemas eficazmente. El niño aprende dicha estrategia por el método clásico, el de la prueba y el error, y con él obtiene experiencia. La tarea de los padres consiste en guiarle con la comunicación, analizar lo que hace, aclarar lo que desea, ayudarle a valorar sus recursos y los resultados que obtenga. Pedir al niño que realice ciertas tareas y que cumpla determinadas normas resulta beneficioso para que desarrolle la capacidad de pensar, porque en este proceso tiene que resolver problemas. Se ayuda al niño a aprender a pensar con el mismo proceso con el que se le ayuda a ser responsable. Ésta es una de las razones por las que existe una estrecha correlación entre el sentido de la responsabilidad del niño y su éxito en el colegio.

El niño aprende en gran parte a resolver problemas al observar cómo lo hacen sus padres. Si éstos enfocan un problema o una situación complicados con una actitud de frustración o cólera, lo más probable es que el niño desarrolle la misma actitud. Conviene dedicar tiempo a explicar al niño cómo se va a resolver un problema, de modo que él aprenda a hacerlo. Si se desea que desarrolle una forma de pensar analítica y pragmática, los padres deben dar ejemplo adoptando el mismo método.

La televisión y la reflexión

Aunque muchas personas se apresurarán a decir que televisión y reflexión son términos antagónicos, no se sabe aún con certeza si el ver la televisión retarda el aprender a pensar bien, aunque existen poderosos argumentos a favor y en contra. Lo que sí parece demostrado es que ver la televisión en exceso quita tiempo para otras actividades que mejoran la capacidad de pensar. Si la televisión impide la comunicación entre padres e hijos, el desarrollo de las estrategias de reflexión y el éxito en el colegio se verán afectados.

Otras estrategias básicas

El éxito en el colegio requiere una serie de estrategias que pueden aprenderse y reforzarse en casa. A continuación ofrecemos una lista:

- *Escuchar* es algo que se puede enseñar al niño insistiendo en que preste atención a lo que se le dice y prestando atención a lo que él dice.
- La *perseverancia* es algo que el niño aprenderá cuando los padres le exijan que termine lo que ha empezado y que insista aunque las cosas le resulten difíciles.
- La *atención al detalle* se aprende al aclarar las normas, enseñar al niño a hacer las cosas bien y guiar su actuación con firmeza y justicia.
- La *sociabilidad* consiste en llevarse bien con los demás. El niño aprende a ser sociable al mantener relaciones ricas y satisfactorias con personas de distintas edades y circunstancias. Se le debe ofrecer esta oportunidad con la mayor frecuencia posible.
- La *confianza* se aprende cuando el niño está rodeado de personas fiables, personas que hacen promesas y las cumplen, que no le transmiten información falsa ni le mienten. Si el niño no aprende cuándo

puede confiar en un adulto y cuándo no, le resultará difícil confiar en sus profesores y aceptar lo que le dicen.

- La *flexibilidad* es un atributo que posee el niño cuando vive experiencias amplias y variadas. No hace falta que los padres sean ricos o cultos para proporcionar a sus hijos una amplia gama de experiencias infantiles adecuadas.
- La *autodisciplina* consiste en la capacidad de pensar antes de actuar, de dominar las emociones y los actos con el fin de llevar a cabo una tarea de forma satisfactoria. El niño aprende la autodisciplina al vivir con adultos que la poseen en un entorno en el que se atribuye gran importancia a la buena conducta y a compartir las funciones domésticas.

Estas estrategias no son sólo básicas para el proceso de preparación del niño para el colegio, sino que son necesarias para un desarrollo sano. Pero lo más importante a tener en cuenta consiste en que el niño no aprenderá todo lo anterior a menos que los padres le den ejemplo. Éstos tienen que escuchar, ser perseverantes, prestar atención a los detalles, ser sociables, dignos de confianza, flexibles y autodisciplinados para exigir al niño que haga otro tanto.

Cosas que los padres pueden hacer en casa

Los padres pueden hacer muchas cosas en casa antes de que el niño llegue a la edad escolar: hablar durante las comidas, hacerles preguntas a los hijos, alentarlos a que «digan más». Cuando esto ocurra, hay que dejar que el niño sea el centro de atención, darle suficiente tiempo para decir lo que le pasa por la cabeza y expresar las propias opiniones libremente. Incluso se le debe permitir que discuta, si bien hay que alentarle a que mantenga una actitud racional y lógica. Conviene que el niño escuche a los adultos en lugar de mandarle a otra habitación cuando vienen a casa amigos o familiares y que participe de una forma adecuada en las conversaciones de los mayores. Los padres pueden pedirle que hable con las visitas sobre sus éxitos e intereses. Todos los anteriores son métodos a emplear para enseñar al niño a pensar.

La lectura

Es muy probable que los niños a cuyos padres les gusta leer (incluso en lenguas extranjeras) disfruten con la lectura. La relación entre esta actividad y el éxito en el colegio salta a la vista. Es fundamental que en casa haya numerosos libros, revistas y periódicos, establecer horas de lectura para el niño e insistir en que éste deje tiempo a los padres para hacer lo mismo. Crear valores familiares positivos en torno a la lectura resulta muy útil a la hora de fomentar la estrategia de reflexión en el niño. Leer en voz alta ante él no sólo resulta beneficioso, sino entretenido.

Sección II

La relación de los padres con el colegio y con el profesor

5
La relación padres/profesor

¿Se ha encontrado alguna vez el lector con 30 niños en una clase durante seis horas seguidas, soportando la presión y la responsabilidad de su desarrollo emotivo, social e intelectual, día tras día, un año tras otro? No podrá imaginárselo a menos que se sea profesor. La enseñanza es un trabajo difícil y complejo, circunstancia que pocas personas que no se dediquen a la docencia comprenden. Además, los profesores son seres humanos como todos los demás, como las personas con las que uno se topa en la vida. Algunos son valientes, otros retraídos. Unos sensibles, otros menos. Unos son enérgicos, otros tímidos; unos sociables, otros no. Hay que comprender que los profesores son personas de carne y hueso.

Yo defiendo a los profesores, y lo digo desde el principio. A la inmensa mayoría les gustan los niños, saben cómo tratarlos y tienen que soportar las consecuencias emocionales de las experiencias de muchas familias. La mayor parte de los profesores son personas respetuosas y cuidadosas aunque formen parte de una compleja burocracia. Hacen cuanto pueden por prestar una atención individual a los niños a pesar de tenerse que ocupar de muchos a la vez. Por lo general, defienden las necesidades de los niños y tienen que tratar con gran número de padres y profesionales. Después de los padres, los profesores son las personas más importantes en la vida de un niño.

Conocer al profesor de los hijos

¿Por qué beneficia al niño que los padres mantengan una buena relación con el profesor? Porque si éste conoce a los padres y se lleva bien con ellos, lo más probable es que preste un poco más de atención al niño. Al leer esta última frase, muchos profesores exclamarán para sus adentros «¡Qué tontería!», pero la idea de que los profesores tratan igual a todos los alumnos es falsa: no son sobrehumanos. Nadie trata igual a todo el mundo.

Si el profesor conoce a los padres del niño y tiene una buena relación con ellos, lo más probable es que ocurra lo siguiente:

- Cuando surja un problema, seguramente llamará a los padres, porque no se sentirá tan intimidado como si se tratara de personas «sin rostro».
- Si el profesor conoce algo sobre la familia, por ejemplo, el nivel cultural y el profesional de los padres, será más sensible al entorno del niño y a su capacidad de aprendizaje, y actuará según las circunstancias.
- Tomarse la molestia de conocer al profesor indicará a éste hasta qué punto interesa a los padres la educación del niño, y probablemente él realice más esfuerzos para llevar a cabo su tarea.
- Si conocen a los padres, algunos profesores concederán al niño más oportunidades, el beneficio de la duda y tendrán un poco más de manga ancha que con otros alumnos.

- Cuando el niño sabe que el profesor conoce a sus padres, que se lleva bien con ellos y viceversa, se siente más seguro, circunstancia que le motiva a aprender.
- Si los padres conocen bien al profesor, éste realizará más esfuerzos por dar informes positivos sobre la actuación del niño, lo que contribuirá a aumentar la autoestima de éste.
- «Obra con los demás tal y como quisieras que obraran contigo», o en otras palabras, si los padres muestran respeto y estima por el profesor, lo más probable es que él adopte la misma actitud.

¿Cómo se establece una buena relación con el profesor? En primer lugar, hay que olvidarse de la idea de que siempre va a estar demasiado ocupado para atender a los padres. Todo buen profesor desea que los padres intervengan en la educación de los alumnos, porque de este modo su trabajo resulta más fácil y más satisfactorio. Si no se está en la clase, difícilmente se puede imaginar lo complejo que es desenvolverse bien en ella. Los profesores desean que los padres comprendan su labor, porque así la respetarán y valorarán más. Como la mayoría de las personas, los profesores aprecian a quienes muestran aprecio por ellos, y muchos están convencidos de que a algunos padres no les interesa lo más mínimo lo que hacen.

Los profesores que parecen remisos a la participación paterna temen actitudes excesivamente críticas y adversas hacia los objetivos que se han trazado, una simple señal de inseguridad. Si los padres se ven en este caso, conviene que se esfuercen por superar el obstáculo.

Cosas que pueden hacer los padres

- Conocer al profesor antes de principios de curso, pues suele estar en el colegio, o presentarse en él de vez en cuando. Los encuentros formales resultan tan beneficiosos como los informales.

- Enviar notas al profesor con comentarios favorables sobre algo que haya dicho el niño sobre el colegio.
- Pedir consejo al profesor sobre los siguientes temas: elegir libros que se le quieren comprar al niño; sugerencias para ayudarle con los deberes; asuntos relacionados con el comportamiento; cómo enfrentarse a las actitudes negativas frente al colegio y cualquier otro tema con el que se pueda ayudar al niño a desenvolverse mejor en el colegio.
- Comunicar al profesor que el niño ha progresado en casa, por ejemplo, con una palabra que ha repetido tras haberla aprendido en clase.
- Comunicar al profesor que se desea comprobar ciertas cosas que el niño ha contado acerca del colegio. Algunos niños manipulan a su favor la falta de comunicación entre los padres y el profesor.
- Si los padres trabajan, deben llegar a un acuerdo sobre cómo y cuándo llamarse para hablar sobre el niño. Muchos profesores están dispuestos a hablar por teléfono si tienen una cita previa con los padres, o pueden llamar a éstos al trabajo.

Lo deseable es que el profesor trate al niño como a un individuo, no como un número. Si bien la mayoría de los profesores hace cuanto está en su mano por prestar una atención individual a cada alumno, se ve limitado por el número al que tiene que atender. Los padres deben abogar en favor de sus propios hijos, pero haciendo participar al profesor en sus objetivos, conociéndolo y permitiendo que él los conozca a su vez. La influencia de los padres sobre el bienestar del niño se prolonga hasta el colegio y le proporciona más posibilidades en su vida escolar.

6
Cómo participar en la educación

Los educadores desean que los padres participen en la educación de sus hijos, que asistan a reuniones, conferencias y otras actividades organizadas por el colegio. Es muy importante que los padres asistan a tales actividades, porque el niño se beneficiará de ello.

Al participar en las actividades que organiza el colegio, los padres demuestran su interés. Si a ellos no les importa, tampoco le importará al niño. Conviene formar parte de la asociación de padres y profesores y entrevistarse con éstos y el director, pues el niño se sentirá aún más motivado. Los niños que no se desenvuelven bien en su vida escolar prefieren mantener las distancias entre los padres y el colegio. Comprenden que si el profesor y los padres se apoyan mutuamente, se les exigirá una actuación mejor. De igual modo, los educadores suelen prestar más atención a los niños cuyos padres participan en la educación. Los profesores realizan mejor su trabajo cuando piensan que son observados, sobre todo los que aún tienen posibilidades de superarse en su labor.

Otra razón importante para participar en las actividades escolares consiste en comprobar personalmente lo que los niños dicen sobre el colegio, los profesores y los compañeros, o si lo que el profesor les dice a los padres es cierto. Resulta difícil responder a las quejas del niño sobre el colegio, pero se puede adoptar una actitud más objetiva si se conoce a las personas responsables de la educación. Hay que saber si lo que dicen es cierto, en términos generales, o si sólo refleja su experiencia individual. A medida que el niño pasa de un curso a otro cuenta menos lo que ocurre en el colegio, considerándolo «vida privada». Mantenerse en contacto con el colegio permite a los padres contar con otras fuentes de información además de lo que dice el niño en casa.

Cómo superar los obstáculos corrientes

Existen una serie de circunstancias que dificultan la asistencia de los padres a las actividades organizadas por el colegio. La siguiente lista recoge dichos problemas y diversas sugerencias para resolverlos:

- *Padres que trabajan y no pueden asistir a ciertas actividades.* Ésta es la razón más frecuente por la que los padres no pueden participar en la mayoría de las actividades escolares, sobre todo porque en la actualidad tienen que trabajar los dos con el fin de mantener a la familia. Se puede llegar a un acuerdo con el jefe para recuperar el tiempo perdido fuera de las horas de trabajo o descontándolo de las vacaciones o las bajas por enfermedad, pero a veces no es posible solucionar la situación, en cuyo caso hay que comunicar al colegio que no se puede asistir aunque se desea hacerlo. Las autoridades escolares comprenderán entonces que a los padres les interesa lo que ocurre. Muchos padres no responden a la convocatoria si no pueden asistir, circunstancia que hace creer que no están interesados o que no han recibido el aviso.

- *Hay niños pequeños en casa y no se encuentra canguro.* Esta situación no debe suponer un obstáculo, pues en la mayoría de los casos se puede asistir a las actividades escolares con niños pequeños. No hay que olvidar que la razón de ser de los colegios es precisamente los niños, y en algunos existen guarderías. Además, el niño se pondrá en contacto con la vida escolar si se lo lleva a alguna actividad organizada por el colegio.
- *Un miembro de la pareja no puede o no quiere ir, y el otro no desea ir solo.* Por el bien del niño, es mejor que asista uno de los padres que ninguno. Nadie debe sentirse intimidado, pues no estará solo. Habrá muchos otros padres sin compañía. Además, el colegio hace cuanto está en su mano para ayudar a los padres solos.
- *El niño no dice nada en casa sobre la actividad que se va a celebrar.* El número de veces que el niño avisa en casa sobre la celebración de una actividad disminuye en proporción directa con el paso de un curso a otro. A medida que el niño crece y participa en actividades extraescolares se preocupará menos por avisar a los padres de la celebración de algún acto escolar o lo olvidará por completo. En muchos colegios se edita un calendario mensual, que puede obtenerse en la dirección, en el que aparecen todas las actividades y reuniones. Se debe tener la costumbre de recordar al niño que traiga a casa *a diario* todos los papeles y convocatorias y darle una carpeta para que guarde estos papeles en cuanto se los entreguen en el colegio.

En todos los casos conviene poner en conocimiento del colegio los obstáculos que impiden a los padres asistir a reuniones, conferencias y otros actos, pues muchas personas se encontrarán con el mismo problema. Como cada vez es mayor el número de familias en las que ambos padres trabajan, los colegios tienen que adaptarse a sus necesidades para programar las actividades.

Cómo participar en la educación del niño

Existen múltiples formas de colaborar con el profesor y el colegio. A continuación ofrecemos una lista de posibilidades:

- *Formar parte de la asociación de padres y profesores.* La asociación está compuesta por grupos de padres que actúan como defensores de los alumnos. Se reúnen una vez al mes con varios profesores que representan al profesorado y a la dirección del colegio para tratar asuntos como la disciplina, los materiales, las actividades extraescolares y los programas especiales. Algunas de estas asociaciones son más activas que otras y, por ejemplo, reúnen dinero para adquirir materiales especiales, como ordenadores. Otras publican hojas informativas, organizan recogidas de materiales reciclables y excursiones de estudios. Por lo general, hacerse miembro no es muy caro, y constituye una forma excelente de participar en la educación del niño.
- *Ofrecerse para ayudar en la guardería.* Si los padres tienen un par de días libres, pueden ponerse en contacto con el profesor de su hijo y ofrecer sus servicios. Al tener que bregar con hasta 30 niños de cinco años, la mayoría de los profesores acogerán bien la idea. El trabajo suele consistir en colaborar con

pequeños grupos en actividades como artes y artesanía, a la hora de la comida, del recreo, cuando se va a la biblioteca, cuando los niños quieren ir al baño, cuando se cuentan cuentos, etc., lo que permite al profesor dedicar más tiempo a trabajar con grupos más reducidos.

- *Ofrecerse para ayudar en las actividades escolares.* Fiestas, recogidas de papel, carnavales, excursiones de estudios, grupos de teatro, acontecimientos musicales: todas estas actividades organizadas por el colegio dependen en gran parte del apoyo de los padres. Por lo general, se puede colaborar en ellas poniéndose en contacto con la dirección o la asociación de padres y profesores. Incluso si estas actividades están patrocinadas por la asociación, no es necesario pertenecer a ella para ayudar.

Las anteriores son sólo unas cuantas formas de participar en la educación del niño, pues no sólo se demostrará a los hijos el interés que los padres tienen, sino que en cierto modo se influirá en la escolarización. Los padres pueden convertirse en un instrumento para cambiar el colegio al expresar una necesidad que experimentan otras familias. Los padres que expresan una actitud positiva, de apoyo al colegio, ejercen un influjo muy especial y se tendrá muy en cuenta su interés.

Sección III

Cómo resolver los asuntos prácticos

7
La elección del mejor colegio y el mejor profesor

En la mayoría de los casos, los padres no tienen muchas opciones a la hora de elegir colegio para sus hijos, y mucho menos a la hora de elegir profesor. A los educadores de los centros públicos no les gusta que las familias intervengan en la elección de los colegios y el personal docente, porque dificulta una programación eficaz. No existe ninguna prueba de que los padres estén más capacitados para realizar dicha elección que las personas que se dedican a la enseñanza, ni de que un profesor concreto influya en el proceso de aprendizaje del niño más que otro.

Pero no cabe duda de que unos profesores son mejores que otros, si bien a los sindicatos de enseñanza no les hace ninguna gracia admitirlo, porque equivale a reconocer que algunos profesores son malos. Ciertos profesores que no dan la talla permanecen en sus puestos durante años enteros y los niños tienen que asistir a sus clases. Por suerte, se trata de un número muy reducido, pero los problemas que causan dificultan la tarea de muchos otros profesionales. A veces, padres e hijos se ven inmersos en el problema, sin posibilidad de librarse del peor profesor del colegio durante todo un curso.

Según los casos, los profesores trabajan bajo contratos en los que se especifican las condiciones de trabajo y el sueldo. Estos contratos les garantizan ciertos derechos que no poseían en épocas pasadas, y al aumentar los derechos de los profesores, disminuyen los de los administradores de los colegios para decidir arbitrariamente sobre numerosos asuntos. El contrato puede determinar detalles como el número de alumnos por clase, los trabajos de enseñanza, los trabajos de los alumnos y otros muchos temas directamente relacionados con la situación del niño en el colegio. Los padres apenas pueden intervenir en ellos, salvo por mediación de los consejos escolares, que resuelven estos asuntos con los profesores.

Muchos colegios tienen un exceso de alumnos, por lo que las clases son mayores de lo que debieran y los centros no pueden contratar al número de profesores ni disponer de las aulas necesarios para rebajar la proporción entre alumnos y profesor. Los alumnos se distribuyen entre los centros docentes dependiendo del lugar en el que viven y del espacio y el profesorado disponibles, de modo que las autoridades escolares desaconsejan la asistencia de los niños a un colegio que no esté situado en la zona en la que viven. Esta circunstancia puede suponer que a algunos niños les asignen un centro que no ofrezca el tipo de educación más conveniente para ellos.

Por consiguiente, no es completamente ilógico pensar que algunos profesores y algunos colegios puedan resultar más beneficiosos que otros para el niño. El gran problema consiste en decidir cuáles son. Hasta el momento no se ha encontrado ningún sistema perfecto para «clasificar» o valorar a los profesores. Sin embargo, en algunos lugares existen programas de valoración escolares que clasifican los colegios según los resultados de las pruebas a las que se someten alumnos de diversos cursos en las que se evalúan los niveles alcanzados en lectura, escritura y matemáticas. En algunos casos también intervienen en la clasificación ciertos factores socioeconómicos. Los resultados pueden indicar cómo funcionan los profesores. Algunas personas dan gran importancia a estas pruebas, otras no.

Conocer los métodos de enseñanza del colegio

Las filosofías de enseñanza difieren dē un centro a otro. Conviene conocer el enfoque docente del centro antes de decidir qué colegio o profesor es mejor para el niño, e investigar estos temas en la primavera anterior al comienzo del curso en el que el niño será destinado a uno u otro centro, porque después resultará difícil cambiar las decisiones administrativas referentes al tamaño de las clases y la distribución de los alumnos. A continuación ofrecemos una lista de temas a los que debe prestarse atención antes de llegar a ciertas conclusiones referentes al colegio que le corresponderá al niño por la zona en la que viva:

- ¿A qué punto del diseño curricular presta más atención el centro?
- Ponerse en contacto con el colegio al que el niño debe acudir.
- ¿Se distribuirán tareas para ser realizadas en grupo? ¿Habrá más de un profesor que resulte importante para el niño?
- ¿Va a estar el niño en una clase de un solo nivel o de varios niveles? Quién imparta la enseñanza y cómo lo haga son factores muy importantes.
- ¿Con qué actividades de apoyo y programas especiales cuenta el colegio? En muchos casos, estas actividades influyen mucho más en la educación que los profesores como individuos.

- ¿De qué recursos disponen los profesores dentro del centro para su formación permanente? Unos buenos programas de formación ayudan a los profesores que se han quedado anticuados a superar sus deficiencias.
- Por último, conviene cambiar impresiones con los padres de niños que han asistido al mismo colegio y preguntarles su opinión sobre la enseñanza en el centro en cuestión. Pedirles asimismo que expliquen las experiencias que hayan tenido con el director, la administración y el profesorado. En muchos casos se obtiene la mejor información de los padres cuyos intereses coinciden con los de otros.

Preferencia de un colegio sobre otro

Como ya hemos dicho antes, las autoridades escolares no favorecen la elección de un colegio determinado, sobre todo si se encuentra fuera de la zona en la que vive el niño. Al fin y al cabo, si se permitiera a todo el mundo elegir libremente, algunos centros tendrían un número excesivo de alumnos y otros no, lo que no equivale a decir que elegir sea imposible, sino que hay que tener un motivo de peso para solicitar la asistencia a un colegio determinado. A continuación exponemos algunos de estos motivos:

- Los padres trabajan en otra zona y desean que el niño asista a ese centro porque les resultaría más fácil llevarlo y recogerlo, así como responder a cualquier tipo de emergencia.
- El niño dispondrá de mejores cuidados (o más fáciles de pagar) cerca del otro colegio que en el que le correspondería por la zona en la que vive.

- El otro colegio ofrece programas especiales para niños con habilidades concretas que no posee el colegio de la zona y el niño ha superado dichas pruebas.
- El niño tiene ciertos problemas de aprendizaje y el otro colegio dispone de mejores instalaciones para resolverlos.

Como ya hemos dicho anteriormente, conviene ponerse en contacto con el centro mucho antes de que empiece el año escolar, porque las posibilidades de ser admitido en un centro que no corresponda a la zona en la que se vive serán mucho mayores.

Elegir el profesor «adecuado»

Una vez que se sepa a qué colegio asistirá el niño, quizá se prefiera a un profesor concreto. Pero ¿cómo se obtiene la información de que unos profesores son mejores que otros? No se puede uno fiar de los cotilleos y habladurías. «La señorita Tal y Cual es la mejor profesora de tercero» no supone ninguna garantía de que realmente tenga capacidad docente. Más vale cambiar impresiones con los padres de alumnos que hayan asistido a las clases del profesor para conocer su opinión.

Asistir a las clases
El método más conveniente consiste en asistir a varias clases durante el curso anterior al que el niño va a empezar con un profesor determinado. En la mayoría de los centros aceptan estas peticiones. Si los padres ven que la dirección no parece muy dispuesta a admitirlo, un comentario como «seguro que los profesores no tienen nada que ocultar» puede obrar maravillas. Si los padres

acceden a la clase, recomendamos que observen lo siguiente:

- ¿Consigue el profesor retener la atención de los alumnos?
- ¿Cómo mantiene la distancia?
- ¿Comunica la información a un nivel adecuado para la edad y el nivel de los alumnos?
- ¿Es paciente, amable y respetuoso con los niños? ¿Es entusiasta y parece preocuparse por llevarse bien con ellos?
- ¿Fomenta la participación de los alumnos?
- ¿Se sienten cómodos los alumnos con el profesor o intimidados e inquietos a la hora de plantear preguntas?

Conviene mantener una actitud lo más objetiva posible mientras se observan estos detalles. Es muy importante que el profesor les caiga bien a los padres, pero esto no determina que sea un buen profesor para el niño. En el caso contrario, pueden surgir resentimientos e impedir una buena relación con él, lo que provocará problemas durante el año escolar. Por otro lado, aunque posea ciertas características que no gusten a los padres, puede tener otras que las compensen. Nadie es perfecto, y conviene sopesar los diversos factores antes de llegar a una conclusión.

Cuando el niño tiene preferencias

Algunos niños tienen sus preferencias, sobre todo si llevan suficiente tiempo en el colegio como para conocer a los profesores. Si es tal el caso, los padres deben averiguar las razones.

Compatibilizar los intereses del niño con los del profesor puede resultar complicado: si el niño está interesado en las ciencias, por ejemplo, quizá se piense que un profesor con un programa en el que se hace gran hincapié en estas materias sea el más adecuado, pero también puede ocurrir que tenga intención de cambiarlo en el transcurso del año escolar. Los profesores cambian, experimentan y se adaptan a las necesidades generales del colegio de un año para otro.

Si el niño tiene que asistir a las clases de un profesor primerizo, sin experiencia, los padres no deben preocuparse. Muchos profesores jóvenes aportan entusiasmo, flexibilidad e ideas innovadoras a su trabajo, compensando con ello la falta de experiencia.

Si a los padres les preocupa a qué clase asistirá su hijo, deben entrevistarse con el director para averiguar qué método sigue el centro para la distribución de profesores. Algunos colegios cuentan con buenos sistemas de asesoramiento, y quizá los padres se convenzan de que la dirección sabe lo que se hace. Claro, también puede suceder que no se tengan en cuenta ciertos factores que afectan únicamente al niño. Lo mejor es hablar con la dirección para no poner en un compromiso al profesor y de paso demostrar el interés que se siente. Siempre conviene que la dirección esté de parte de los padres.

Resulta menos importante qué profesor se asigna al niño que la relación que mantengan ambos. En algunos casos se produce una especie de reacción química positiva entre el niño y el profesor que no tiene nada que ver con la competencia profesional de éste. Los alumnos a los que les cae bien el profesor y viceversa progresarán en el colegio incluso si el profesor no es el mejor del centro.

Una vez que comience el año escolar, los padres podrán valorar mejor una relación real entre el profesor y su hijo. Quizá comprendan que sus temores no tenían fundamento y que el niño se está desenvolviendo bien. Si el niño no está saliendo beneficiado de la relación con el profesor, los padres pueden expresar el deseo de un cambio. A las autoridades académicas no les gusta que les pillen en falta y prefieren quedar bien con los padres. Si, a pesar de estar dispuestos a discutir el asunto con el colegio y a comprender su postura, los padres siguen convencidos de que el niño debe cambiar de profesor, deben continuar presionando. La educación de los hijos es demasiado importante como para ceder.

8
Ayudar a los hijos con los deberes

En mi opinión, es muy importante desarrollar buenas estrategias de estudio desde el principio. Pienso que los niños deben llevar deberes a casa, si bien hay personas que creen lo contrario. A pesar de sus beneficios, los deberes plantean ciertos problemas, muchos de los cuales surgen del hecho de que los padres no saben cómo enfrentarse con ellos. Para que los deberes constituyan un elemento importante del proceso educacional, alumnos, colegios y padres deben desempeñar un papel importante.

Por qué son importantes los deberes

- La mayor parte del material que se presenta en el colegio requiere repetición, refuerzo y práctica con el fin de que se aprenda bien. Los deberes cumplen este objetivo.
- Los deberes transmiten el mensaje de que lo que se hace en el colegio es lo suficientemente importante como para hacerlo también en casa. Si el niño separa el colegio del resto de su vida, la importancia de aquél disminuirá rápidamente.
- Los deberes muestran lo que el niño aprende en el

colegio y dan a los padres la oportunidad de observar sus progresos.

- Las tareas sobre ciertos temas permiten al niño aplicar conceptos que no podría aplicar en el colegio. En algunos casos, tienen que aplicar lo aprendido en clase al «mundo real». En otras palabras: en muchos casos, los deberes sirven para ampliar el proceso de aprendizaje.
- Los padres participan en la educación del niño gracias a los deberes y así fomentan la importancia del colegio.
- Los profesores se sirven de los deberes para comprobar si los niños están aprendiendo en el colegio y utilizan esta información para transformar sus métodos de enseñanza con el fin de adaptarse a las necesidades de los alumnos. Por eso es tan importante que el niño realice los deberes sin que los padres le ayuden demasiado.
- Hacer los deberes puede convertirse en un foco importante de las tradiciones y ceremonias familiares. «La hora de los deberes» puede ser una forma de organizar la vida de la familia.
- Si los padres enfocan los deberes con una técnica y una actitud adecuadas, el niño aprenderá sentido de la responsabilidad, constancia, organización, paciencia, ética laboral y estrategias para alcanzar el éxito.

El papel de los padres

Al prepararse para ayudar al niño con los deberes escolares, los padres deben tener en cuenta que el *proceso* es más importante que el *contenido*. Los principales responsables del contenido de los deberes son el profesor y el alumno. La tarea de los padres consiste en facilitar el proceso imponiendo horas y espacios y dando consejos y animando a los hijos. No es necesario que los padres comprendan lo que el niño trata de aprender para ayudarle a que lo averigüe por sí mismo. Hay que evitar lo siguiente: HACER LOS DEBERES POR EL NIÑO. En la mayoría de los casos, cuando los padres intentan ayudar a sus hijos con los deberes, acaban haciendo demasiado.

Desarrollar las estrategias de estudio del niño

Si los padres ayudan correctamente al niño a hacer los deberes, conseguirán desarrollar estrategias de estudio que el niño utilizará durante el resto de su vida académica. Cómo ayudarle depende del tipo de deberes, el curso y los puntos fuertes y débiles del niño desde el punto de vista educacional. Las siguientes sugerencias pueden aplicarse en la mayoría de las circunstancias.

- Conocer la política y las actitudes del profesor y el colegio respecto a los deberes. Si en el colegio se exige que se hagan las tareas, los padres pueden encargarse del tema la mayoría de las noches. Si el profesor sólo impone tareas a modo de recuperación, conviene saber cuándo lleva el niño los deberes a casa. Cuanto mejor conozcan los padres la política del colegio respecto a los deberes, mejor podrán ayudar al niño. Si éste insiste en que no tiene deberes, más vale preguntarle directamente al profesor.
- Hay que proporcionar los recursos básicos para que los deberes se hagan bien, recursos tales como espacio, tiempo y material, que son responsabilidades de los padres. La mesa de la cocina, por ejemplo,

puede ser un buen sitio, siempre y cuando pueda utilizarse para trabajar durante un tiempo razonable. Se deben imponer unas horas fijas para las tareas a menos que el niño no las tenga, y contar con papel, lápices y otros útiles escolares, de modo que no se pueda utilizar como excusa el hecho de que no los haya.

- Cada niño hace los deberes de un modo distinto. Algunos necesitan tranquilidad absoluta; a otros les gusta trabajar con música. Algunos se distraen con facilidad; otros son capaces de hacer los deberes incluso en el metro, o mientras ven la televisión (yo he tenido ocasión de comprobarlo), si bien este método no me parece el más conveniente. Hay que comprender las necesidades del niño y proporcionarle el entorno adecuado, dejando libre un espacio en el que pueda trabajar sin que nadie le moleste.
- Se debe animar al niño a que haga los deberes solo en lugar de responder a todas sus preguntas, pues de este modo el profesor sabrá qué es lo que no ha aprendido aún. Cuando el niño pida ayuda, conviene plantearle preguntas sobre su trabajo en lugar de dar respuestas inmediatas, animarle a que explique en qué consiste la tarea. Casi todos los libros de texto presentan un formato lógico que la mayoría de los niños no entiende. Hay que ayudarles a aprender a utilizar los libros y permitirles que cometan errores, porque así aprenderán mejor.
- El niño debe aprender a confiar en sí mismo para tener éxito en el colegio. Cuando aprenda a buscar respuestas por sí mismo se sentirá más confiado.
- Hay que ayudar al niño a mantener la calma cuando se sienta frustrado con los deberes, el proceso o los propios padres (cuando éstos no le ofrezcan res-

puestas inmediatas). Hay que aconsejarle que tenga paciencia, que se lo tome con calma y que vuelva a intentarlo y preguntarle si ha resuelto un problema semejante que pueda servirle de ayuda. Los padres deben proponer métodos para que el niño continúe con la tarea sin provocar luchas de poder.

- Si el niño tiene problemas con los deberes durante un período de tiempo prolongado, conviene concertar una entrevista con el profesor, para averiguar cómo se desenvuelve en la clase. Además, el profesor debe saber qué es lo que sucede en casa.
- Hay que evitar las luchas de poder sobre cuál es la respuesta correcta o la forma adecuada de resolver tal o cual problema. Las luchas de poder sólo sirven para centrar la atención en la relación en lugar de las tareas, circunstancia que no conduce a ninguna parte. Muchos padres no soportan la idea de que sus hijos se equivoquen en los deberes, algo completamente absurdo.
- Los padres pueden utilizar las horas de estudio para pasar «tiempo de calidad» con los hijos, si bien no deben ser las únicas horas que se dediquen a tal actividad familiar. Si el niño no quiere ayuda, los padres no deben sentirse rechazados. A veces, el niño permite a los padres que le ayuden incluso cuando no lo necesita. Los deberes no deben convertirse en la forma ideal de resolver el problema de las relaciones familiares.
- Los padres deben hacer saber al colegio que están a favor de los deberes y que no los consideran una carga. Algunos profesores se resisten a imponer tareas porque piensan que los padres no van a apoyarles, y a otros no les gusta cargar con el trabajo que supone calificar. Cuando los colegios conocen la

opinión de los padres al respecto, suelen ponerse de acuerdo con ellos. En algunos centros existen talleres en los que se enseña a los padres a ayudar a los niños con los deberes. Si en el colegio al que asiste su hijo no existen, puede usted iniciarlo.

- Si los padres quieren recompensar al niño por los deberes, debe ser por su diligencia, perseverancia y conducta responsable, pero no por haberlos llevado a cabo correctamente. Hay que reconocer los esfuerzos del niño con el fin de evitar frustraciones, la perseverancia ante las dificultades, atenerse a las tareas impuestas y cumplir los plazos.
- Se puede decir que el niño realiza los deberes adecuadamente cuando cumple las expectativas del profesor, no las de los padres. Por este motivo, los padres no deben insistir en que el niño realice las tareas escolares según ellos creen que deben hacerse. Hay que comprender el punto de vista del profesor y ayudarle a que el niño realice sus tareas adecuadamente.

9
Las evaluaciones y calificaciones

Si se desea presenciar una buena pelea, basta con poner a diez educadores en una habitación y decirles que discutan la exactitud y la importancia de las evaluaciones y las calificaciones. Podría creerse que existe un acuerdo general sobre el tema, puesto que las calificaciones están aceptadas en el sistema educativo, pero no es así, y existen profundos debates sobre el asunto en los círculos educativos. En algunos colegios se están suprimiendo los sistemas de calificación tradicionales y experimentando con otros nuevos para valorar los resultados escolares. A menos que el niño asista a un centro de este tipo, los padres tendrán que interpretar las calificaciones que lleve a casa como indicador de su actuación en el colegio.

Cómo califican los profesores a los alumnos

Hay que comprender las calificaciones con el fin de poder interpretarlas y decidir qué indican acerca del progreso del niño, pero no se entenderán a menos que se comprenda el contexto del que provienen. Unos profesores califican con mayor dureza que otros. Algunas calificaciones reflejan la actuación escolar de un niño en comparación con otros alumnos de la clase, mientras que otras miden al niño en relación con baremos preestablecidos. Unas tienen en cuenta la conducta del niño; otras sólo lo que se ha aprendido. Unos profesores dan calificaciones más altas a modo de incentivos; otros más bajas, también como incentivos o como advertencias para que el niño trabaje más. Unos profesores dan notas más altas a sus alumnos preferidos. Unos niños disfrutan del «beneficio de la duda»; otros no. Unos profesores se toman las calificaciones muy en serio; otros piensan que es una tontería. Unos profesores son muy exigentes y otros menos. En algunos casos, la competición es muy fuerte, y niños que normalmente obtienen calificaciones altas se encuentran con otras más bajas porque parecía «raro» que una clase entera aprobara con muy buenas notas, como también parecía extraño que todos suspendieran. Pero aun sabiendo todo lo anterior, no hay padre que no desee que su hijo lleve buenas notas a casa.

La importancia de las calificaciones

Los problemas educacionales relacionados con las calificaciones ya resultan confusos de por sí, pero los sentimientos de los niños al respecto dificultan aún más la situación. Si el niño saca «buenas» notas, ¿se le debe premiar? ¿Cómo? Si saca «malas» notas, ¿se le debe castigar? ¿Y cómo? Algunas veces, padres e hijos no juzgan del mismo modo el significado o la importancia de las calificaciones, circunstancia que crea conflictos entre ellos. ¿Son las calificaciones un buen método para saber si el niño se desenvuelve bien en el colegio? Lo es si el niño o los padres así lo creen. El niño se sentirá mucho más contento en el colegio si ve que obtiene buenas calificaciones, y lo mismo les ocurrirá a los padres. Por consiguiente, es importante ayudar a los hijos a obtener buenas notas, siempre y cuando ellos lo deseen, pero conviene no exagerar con el tema, ni en una ni en otra dirección.

Una de mis hijas vino a verme cuando estaba en la escuela primaria para preguntarme si yo pensaba que podía sacar todo sobresalientes en la próxima evaluación. Siempre andaba cerca, pero sin llegar a conseguirlo. ¡La niña se quedó pasmada cuando le contesté que podía pero que, en mi opinión, no debía! Le expliqué que no existía una cima más alta, pero que si se caía de aquella cima sólo conseguiría frustraciones y desengaños. Como mis otros hijos, la niña pensó que el consejo era un tanto raro y se dedicó a obtener sobresalientes durante el resto del curso.

En el curso siguiente su profesor tenía como norma no dar sobresalientes en la primera evaluación, y la pobre niña lo pasó fatal al ver que sólo obtenía notables, al perder confianza en sus propios recursos. No tuve que decirle: «¿No te lo había advertido?». Fue ella quien lo dijo.

Si el niño depende de las buenas calificaciones para sentirse seguro, correrá un gran riesgo, y si los padres dependen de lo mismo para juzgar lo que están aprendiendo los hijos, pueden sentirse decepcionados.

Cómo tratar las evaluaciones y calificaciones

A pesar de que todo esto puede resultar confuso, hay varias cosas que pueden hacer los padres para desarrollar actitudes adecuadas ante las calificaciones, algo que afectará favorablemente al niño.

- Averiguar cómo califica el profesor, preguntarle cuál es su sistema de evaluación. Enterarse de qué tendría que hacer el niño para obtener calificaciones más altas y conocer los factores que el profesor tiene en consideración a la hora de calificar. Discutir su punto de vista sobre el significado y la importancia de las calificaciones. Si el profesor no puede o no quiere dar respuestas sobre el tema, los padres deben andarse con pies de plomo y consultar la opinión de los superiores del profesor para conocer la postura del colegio ante las calificaciones.
- Determinar si el niño comprende lo que se le va a exigir para obtener buenas calificaciones. Si no lo entiende, los padres y el niño deben reunirse con el profesor para aclararlo.
- Cuando el niño lleve las calificaciones a casa, hay que averiguar si sabe por qué las ha obtenido. Si no lo sabe, se debe pedir una entrevista con el profesor, tanto si las calificaciones han sido altas como bajas.
- Las calificaciones nunca deben suponer una sorpresa. Para ello, conviene mantenerse al tanto de la actuación del niño en el colegio, en la medida de lo posible, revisando los deberes y manteniéndose en contacto con el profesor.
- Los padres deben preguntarle al niño qué piensa sobre las calificaciones antes de expresar su propia opinión, si creen que debería haber obtenido otras calificaciones por los esfuerzos realizados. Se debe averiguar si el niño piensa que son acertadas y exactas, pues su respuesta puede influir en el enfoque de los padres y del profesor con respecto a las calificaciones. Puede suceder que los niños con calificaciones bajas se sientan satisfechos con los resultados obtenidos mientras que otros niños con calificacio-

nes más altas se sientan frustrados. El objetivo consiste en ayudar al niño a valorar su propia actuación y a que decida por sí mismo si las calificaciones obtenidas son las que se merecía.

- La pauta que siguen las calificaciones del niño tiene más importancia que las calificaciones concretas, porque si normalmente son altas y descienden de repente, hay que averiguar por qué. Por el contrario, si las calificaciones son por lo general bajas y de repente suben, también hay que descubrir el motivo. En ambos casos hay que saber si las calificaciones reflejan la actuación del niño en el colegio o si intervienen otros factores.
- Las calificaciones del niño son menos importantes que su actitud ante el colegio, factor que jamás debe pasarse por alto, sobre todo si mantiene una buena actitud ante el colegio a pesar de haber obtenido «malas» calificaciones.
- Castigar al niño por haber obtenido malas calificaciones es siempre un error, y además, no suele dar resultado. La clave consiste en si el niño sabe lo que se exige para elevar las calificaciones y si los padres pueden crear las circunstancias necesarias para ayudarle a hacerlo. A veces, el proceso puede parecer un auténtico castigo, como por ejemplo, menos horas de televisión y dedicar más tiempo a los deberes.
- Algunas familias tienen la costumbre de premiar a los niños cuando obtienen buenas calificaciones, algo que quizá no resulte muy útil a la larga. A medida que el niño avanza en la escolarización, puede elegir programas en los que la competición es más dura. Si se desea premiarle por las buenas calificaciones, conviene elegir un método que contemple

los logros generales, no las calificaciones individuales, que haga hincapié en el punto debido.

- Es importante distinguir entre la actuación del niño y las calificaciones que obtiene, pues es posible que aunque éstas no sean muy altas esté realizando progresos respecto a años anteriores. En muchos casos, las calificaciones no representan los avances del alumno. Los padres deben contar con otros medios para medirlos, como por ejemplo la observación directa y las entrevistas con el profesor.

Las buenas calificaciones constituyen un sistema para saber si el niño se está desenvolviendo bien en el colegio, pero existen métodos más adecuados. Para el niño es más importante que disfrute de la vida escolar y que le interese lo que hace. Sin embargo, mientras sigan existiendo las calificaciones, conviene saber cómo obtener las más altas, qué exige el profesor y ajustarse a ello. Los alumnos estudiosos que entienden lo que exige el profesor obtendrán en muchos casos mejores calificaciones que otros estudiantes más inteligentes a quienes no les preocupa el tema.

Los padres deben ayudar a los hijos a obtener buenas calificaciones. A medida que el niño aprenda estrategias para mejorarlas aprenderá también a separarlas de sus emociones, permitiendo que ejerzan mayor influencia en su actuación la curiosidad, el interés y sus objetivos personales.

Sección IV

Problemas que pueden surgir en el colegio

10
Cuando el niño se queja del colegio

Es bastante normal que el niño se queje del colegio: es una cuestión de territorio. Pero hay que tener cuidado a la hora de interpretar sus quejas, asegurarse de que no existe una razón de fondo más grave que indique que algo anda mal, algo a lo que habría que poner remedio.

Las quejas del niño sobre el colegio obedecen a diversas razones: algo o alguien les molesta de verdad; quiere encubrir algo más serio o quiere llamar la atención de los padres. A veces, lo que molesta al niño no tiene nada que ver con el colegio, aunque las quejas vayan dirigidas a él. Algunas de estas quejas reflejan luchas infantiles normales que forman parte del desarrollo sano de cualquier niño. Independientemente del motivo, los padres deben escuchar estas quejas para que el niño no piense que no se lo toman en serio. Los padres deben aprender a distinguir si las quejas surgen de un problema real en el colegio o no.

La mayoría de los niños no son capaces de describir con exactitud lo que les molesta. El colegio como un todo («es que no me gusta») es un objetivo fácil, al igual que «en el colegio son injustos», sobre todo porque los padres no están allí. Nada mejor que quejarse de algo que nadie puede comprobar para obtener simpatía y comprensión. Los padres desean que sus hijos estén contentos, pero como ejercen poco control sobre el colegio, quejarse de éste es un buen sistema que emplea el niño para desviar la atención. Los niños son así.

Cuando el niño se queja de injusticia

Es raro el niño que no se sienta injustamente tratado en algún momento de su vida escolar, y existen diversas razones para ello. Los colegios son grandes instituciones burocráticas y, por mucho que éstos lo intenten, no siempre pueden tratar a todo el mundo de la misma manera. A veces es imposible evitar un tratamiento injusto, cuando el niño es uno más entre centenares que tienen que ajustarse a un complejo sistema de normas y reglas.

Una de las situaciones en las que se produce un tratamiento injusto podría denominarse *reacción posterior,* cuando un niño hace algo *a posteriori,* reaccionando a algo que le han hecho a él. El primer niño le hace algo a otro mientras el profesor no mira, y el segundo niño reacciona de forma visible para atraer la atención del profesor, que sólo ve la segunda reacción, pero no a quien la ha provocado. El segundo niño recibe el castigo, a pesar de sus protestas, porque el primero niega toda relación con los hechos. Naturalmente, se trata de una situación injusta que se da con mucha frecuencia en el colegio.

Los profesores son humanos y, como tales, a veces cometen injusticias. Hay quienes piensan que son sobrehumanos, pero tienen sus defectos. Uno de ellos consiste en una tendencia muy humana, la de tratar a los niños de forma desigual, demostrando favoritismo por algunos y apenas soportando a otros. Cuando un profesor desarrolla una impresión negativa con un niño, éste queda «etiquetado» y el profesor reacciona ante su comportamiento, situación que refuerza dicha «etiqueta». Cuando un niño adquiere mala fama, le resulta difícil librarse de ella, y se le acusará muchas veces de cosas que no ha hecho.

Como la vida es en tantas ocasiones injusta, los niños deben desarrollar métodos eficaces para combatir este hecho, aprender que no debe tolerarse la injusticia, pero también a no hacerse la víctima cuando se produce una situación de este tipo.

Otros motivos por los que puede quejarse el niño

Los motivos por los que el niño se queja del colegio tienen validez, pero sólo algunos están directamente relacionados con la vida escolar. Muchas de estas quejas reflejan problemas infantiles normales por los que se culpa al colegio o a los profesores. A continuación presentamos varios motivos por los que el niño puede quejarse:

- El niño tiene dificultades con el profesor, con ciertas asignaturas, con las normas del colegio o le tratan con injusticia.
- Otros niños se ensañan con él. Quizá le tomen el pelo, le incordien, le excluyan de los juegos o le maltraten. Los propios intereses y la lealtad hacia los amigos son motivos para crear grupos de «aceptados y rechazados». El deseo de ganar a toda costa, los problemas emocionales y el simple egoísmo hacen que los niños se traten injustamente entre sí. Quizás el profesor no sea consciente de lo que ocurre o el niño tenga miedo de pedirle que lo proteja a él o a sus amigos.
- Cuando el niño pasa de la guardería al colegio pue-

de experimentar el síndrome de separación, sentirse frustrado por tener que compartir la atención del profesor con otros 29 niños o carecer de las estrategias sociales necesarias para desenvolverse bien en clase. En estos casos, el niño se quejará de todo, incluso de ponerse enfermo en el colegio.

- Unos niños dominan la frustración mejor que otros. Es posible que un niño concreto tenga dificultades a la hora de aprender material nuevo y no sepa identificar el problema, en cuyo caso quizá se queje de otras cosas, como: «El profesor la ha tomado conmigo».
- Los niños mayores que han dejado de ser dirigentes, han perdido a sus amigos por haber cambiado de colegio, no cuentan con un grupo de amistades estables o descubren que otros niños se desenvuelven mejor que ellos en el colegio empiezan a quejarse de casi todo. Les resulta incómodo porque no desempeñan un papel que sea valorado. Culpan al colegio o al profesor de la situación porque se sienten marginados.
- El niño puede quejarse del colegio simplemente para llamar la atención de los padres. Quizá se sienta perdido por el nacimiento de un hermano, porque uno de los padres ha empezado un trabajo nuevo o por otros acontecimientos que han perturbado la vida familiar y han reducido la atención que normalmente le prestan los padres. Quejarse del colegio es una forma de comprobar si los padres se preocupan por él.
- El niño puede sentir temor al fracaso incluso cuando tiene éxito. De vez en cuando una vaga sensación de miedo y ansiedad afecta a la mayoría de los niños, y la sensación aumenta precisamente porque

no pueden explicarse el porqué. Como el colegio provoca tensión, lo consideran responsable de todos sus males.

- Los profesores no son adivinos. Aunque los niños se quejen de cosas insignificantes en apariencia, el profesor quizá no sea consciente de sus sentimientos, pues, además, los niños tienden a ocultarlos, quizá temiendo la reacción a sus quejas. En muchos casos, el profesor podrá solucionar la situación si la conoce.

Qué pueden hacer los padres

Cuando el niño se queja del colegio, los padres pueden hacer diversas cosas:

- *Hablar y escuchar.* Aceptar lo que dice el niño sin juzgarlo y animarle a hablar libremente con el fin de obtener una visión completa del motivo de sus quejas. Siempre habrá puntos oscuros en la historia que cuente el niño. Hay que descubrirlos y decidir quiénes son los protagonistas de dicha historia.
- *Proporcionar directrices.* Intentar guiar al niño para que acepte la responsabilidad de resolver el problema por sí mismo. Preguntarle: «¿Qué crees que debes hacer?» «¿Cómo crees que se puede solucionar el problema?» «¿Lo has discutido con tus amigos del colegio?». En muchos casos, estas preguntas acabarán por disolver la queja y conducirán a la raíz del problema.
- *¿Qué quieres que haga?* Es la pregunta que lógicamente se planteará si continúa la conversación. A veces, los niños quieren quejarse, pero no que los

padres intervengan. Hay que saber cuáles son sus deseos.

- *Consultar con el colegio.* Cuándo llamar o ir al colegio depende de la gravedad de las quejas del niño y de si el niño ha pedido o no a los padres que intervengan. Si se cree que la queja tiene fundamento y es seria, se debe establecer contacto con el centro y concertar una cita en la que intervengan los padres, el niño y el profesor. No se debe evitar que el niño se enfrente a un profesor injusto, pues esta situación le ayudará a controlar otras situaciones problemáticas y de tensión.
- *Investigar el problema.* La reunión del niño, el profesor y los padres deben centrarse en investigar el problema, no en adjudicar culpas. Incluso si las quejas del niño no tienen una base objetiva, no se le debe acusar de «quejica». Pueden existir otras razones emotivas que hay que averiguar.
- *Trazar un plan.* Ayudar al niño a averiguar lo que debe hacer en la siguiente ocasión. Quizá se descubra que las quejas no tienen ninguna base objetiva, que nadie ha hecho nada, pero si el niño sentía la necesidad de quejarse, ¿qué debe hacer la próxima vez que surja un problema? ¿Cómo debe enfrentarse a él de modo que no piense que los adultos no se preocupan por él ni sienta vergüenza de mostrar sus sentimientos?
- *Preguntar.* Hay que hablar con el niño de vez en cuando para saber cómo van las cosas, sobre todo respecto a los temas que salieron a la superficie mediante el proceso anteriormente descrito. Los padres deben mostrar interés, pero sin meter las narices en todo ni quejarse de las quejas del niño. Llegar a un compromiso con las presiones que presenta

la vida cotidiana resulta tan difícil para un adulto como para un niño.

Si los padres mantienen una buena relación con el profesor, enfrentarse a las quejas del niño no será tan complicado, pues el profesorado estará mejor dispuesto a responder a los problemas, además de presentar una actitud más honrada.

Qué hacer si el niño no se queja

Como comentario final, existen ciertas señales a las que los padres deben prestar atención, pues pueden indicar que el niño lo pasa mal en el colegio a pesar de que no se queje. Si aparecen tales señales, los padres deben ponerse en contacto con el profesor para contrastar pareceres.

- El niño no habla sobre el colegio o da respuestas evasivas cuando se le pregunta por el tema, incluso sobre puntos muy concretos. Si los padres le presionan para hablar sobre los resultados escolares se producen estallidos emotivos.
- El niño evita hacer algo que antes le encantaba.
- El niño no se queja *nunca* del colegio, y lo reviste de un brillo positivo, circunstancia que puede suponer que evita enfrentarse con ciertos problemas. A veces, los niños tienen miedo de hablar de temas negativos contra los que están luchando por temor a abrir una caja de Pandora con la que no sabrían enfrentarse.
- El niño empieza a plantear preguntas sobre sexo, drogas u otros temas importantes sin especificar de dónde surge tal interés. Quizá se estén planteando

problemas en el colegio que no desea tratar o sobre los que no desea confiar a los padres.

- El niño no quiere ir al colegio, empieza a decir que se siente enfermo, pasa mucho tiempo en la enfermería y parece sufrir presiones cuyo origen desconocen los padres.

Si los padres se mantienen en contacto con el colegio, con el profesor, y tratan de mantener una comunicación abierta, les resultará más fácil comprender las quejas del niño. Podrán resolver los problemas importantes, eliminar los obstáculos graves que pueden dificultar el éxito del niño en el colegio.

11
Cuando el colegio se queja del niño

También puede ocurrir que el colegio se queje del niño, que la criatura no sea el angelito encantador que los padres pensaban que era, o quizá mantenga un comportamiento individualista y se muestre poco dispuesto a someterse al sistema. Enfrentarse a las quejas que el colegio presenta constituye un tema complicado, y las actitudes y baremos del centro pueden ser muy diversos y complejos. A continuación ofrecemos ciertas directrices que resultarán útiles en distintas ocasiones.

En primer lugar, existe una diferencia entre las quejas y la preocupación del colegio. Los profesores pueden preocuparse realmente por la actuación o la conducta del niño, algo que requiere la intervención de los padres. Quizá no se trate tanto de una queja como de una tentativa por resolver un problema que dificulta el éxito escolar.

Sin embargo, se produce la queja cuando la actuación o la conducta del niño dificulta el funcionamiento de otros alumnos o el niño no respeta ciertas normas. Hay que tomarse en serio estas quejas porque cómo aparezca el niño a los ojos de los demás en el colegio influirá en el éxito o el fracaso escolar.

Por qué se quejan los colegios de los niños

La principal dificultad con que se encuentran los colegios ante los «niños problemáticos» es que perturban el sistema que se necesita para mantener el orden. El colegio presentará una queja cuando:

- El niño se resiste a la autoridad.
- Maltrata a otros niños.
- Muestra falta de respeto ante los adultos.
- Lleva objetos o sustancias prohibidos a las aulas.
- Destruye propiedades del colegio.
- Muestra incapacidad para dominar sus impulsos.

Algunos colegios resuelven estas infracciones con los propios niños antes de avisar a los padres; otros reaccionan inmediatamente poniéndose en contacto con ellos, a veces incluso antes de poder presentar todas las pruebas.

Es muy probable que si no se resuelven las quejas del colegio, éstas afecten a la capacidad del niño para obtener el éxito escolar. Incluso si la queja que presenta el colegio es válida, el objetivo consiste en establecer las condiciones en las que el niño pueda alcanzar el éxito. Si no es válida en opinión de los padres, hay que reestablecer la credibilidad del niño con el objeto de asegurarse el éxito en el futuro.

Qué hacer

A continuación ofrecemos varias sugerencias que pueden ayudar en ambas situaciones, tanto si los padres están de acuerdo con el colegio como si no:

- Llegar a la raíz del problema oyendo a ambas partes, al niño y al colegio. Todas las partes implicadas tendrán que reunirse en un momento determinado para tratar los problemas que hayan surgido. Lo mejor es que el niño y los padres asistan juntos a la reunión.

- El objetivo consiste en conciliar las opiniones de todos los implicados en la situación. A menos que todos la vean de una forma parecida, las soluciones no resultarán satisfactorias.
- Culpar a alguien concreto no suele dar resultados fructíferos, no porque la gente mienta, sino porque las situaciones suelen ser más ambiguas de lo que pueden parecen a primera vista. Incluso si el niño ha infringido alguna norma escolar, lo más probable es que lo haya hecho por motivos que, al menos a él, le parecen lógicos. Pero si la situación requiere un castigo según las normas del colegio, no se debe eximir a las partes culpables de las consecuencias y, naturalmente, tampoco al niño.
- El colegio debe ver a los padres como defensores justos del niño, para lo cual éstos deben averiguar de qué es responsable su hijo y admitirlo. El niño no debe salir de la situación sintiéndose víctima, pero sí tomar conciencia de su responsabilidad. A menos que quebrante las normas con frecuencia, el colegio deseará evitar que se convierta en una víctima.
- Hay que llegar a acuerdos y soluciones. ¿Qué evitará que esta situación se repita en el futuro? ¿Qué tienen que hacer todos, padres, niño, profesores y otros alumnos para resolver el problema? Todos los implicados en la situación desempeñan un papel para evitar que vuelva a producirse. Los padres deben aclarar qué espera el colegio de ellos.
- Aclarar qué tienen que hacer los padres en casa para enfrentarse a la situación y qué medidas va a tomar

el colegio. Establecer líneas de comunicación para mantenerse en contacto con el centro, dejando bien claro cómo y cuándo. Si el niño sabe que existirá este contacto, le ayudará a controlar su conducta.

- Si los padres consideran que el castigo impuesto por el colegio es justo, no es necesario prolongarlo en casa. Si desean reforzarse las sanciones del colegio con restricciones en casa, sólo deben hacerlo durante un período de tiempo muy limitado.
- Si los padres piensan que el colegio trata la situación injusta, errónea o insensiblemente para con las necesidades del niño, no hay por qué someterse. Esto vendrá a demostrar que no se han establecido relaciones adecuadas con los profesores o autoridades del colegio. El objetivo no consiste en «ganarse» al colegio, sino en encontrar un medio para establecer una relación en la que se oiga la voz de los padres y se satisfagan las necesidades del niño.
- Más vale mantener el tipo y la sonrisa. A veces, los padres tienen que discutir con el colegio por sus hijos o conseguir lo que el niño necesita mediante exigencias y amenazas, aunque sólo suele suceder en casos excepcionales, afortunadamente. Los padres que obtienen ventajas para sus hijos de una forma tranquila y amistosa, colaborando, son la norma general, y los que tienen que pelear con las autoridades escolares y los profesores por lo general no se han molestado en cimentar relaciones positivas con dichas personas. Que el colegio conozca a los padres equivale a tener una póliza de seguros: quizá no se pueda disponer del dinero en efectivo durante una temporada, pero los recursos estarán allí para cuando se necesiten.

En el colegio es donde el niño intenta establecer su identidad e independencia con respecto al control paterno, y también el lugar en el que se desarrollan las tensiones del crecimiento. Los buenos colegios y los buenos profesores entienden esta circunstancia. Quizá comprendan plenamente las necesidades del desarrollo que han desembocado en mala conducta del niño, pero se les exige que mantengan la integridad del colegio como sistema. Es en tales ocasiones cuando el colegio puede pensar que las necesidades de un individuo tienen que plegarse a las normas escolares. El niño tiene que ajustarse al sistema y el objetivo de los padres debe consistir en adaptar el sistema a las necesidades del niño. Las quejas que pueda presentar el colegio constituye otro de los campos en los que surge esta paradoja, pero no hace falta que nadie represente el papel de víctima.

12
Cuando los niños y los profesores no se llevan bien

Siento un profundo respeto por la mayoría de los profesores, sobre todo por los que llevan en la profesión muchos años y han conseguido llevarse bien con centenares de niños año tras año. Algunos van más allá de lo normal y mantienen una relación de auténtico cariño con los alumnos, que les recuerdan durante toda su vida. El niño que ha tenido un profesor así puede considerarse afortunado. Hay tantos profesores que mantienen relaciones maravillosas con sus alumnos que nos sorprende, decepciona e incluso encoleriza el ver que un niño y su profesor no se llevan bien, olvidando que tanto el uno como el otro son humanos. A veces no se caen bien, por mucho que debiera ocurrir al contrario.

Por consiguiente, existe la posibilidad de que el niño y el profesor no se entiendan y de que surjan conflictos. A continuación exponemos algunas de las razones por las que puede producirse esta situación:

- La relación empezó mal y nunca llegó a enderezarse.
- Existe un «conflicto de personalidades» por el que el profesor y/o el niño atacan características del otro que no pueden cambiarse.
- El profesor ha adoptado una postura punitiva frente al niño que deriva en castigos y críticas injustos.

- Quizás el profesor haya dicho cosas que al niño le han resultado dolorosas o degradantes, y el niño no ha sido capaz ni de olvidarlas ni de perdonarlas.
- El niño ha realizado esfuerzos para ajustarse a la situación o incluso para mejorarla, pero sin conseguirlo. El conflicto continúa y se producen situaciones de poder, mala comunicación y el niño experimenta ansiedad.

Es de esperar que estas situaciones no se den con frecuencia, pues tal tipo de relación tiene profundas consecuencias en los sentimientos del niño hacia el colegio, que pueden prolongarse durante mucho tiempo. Los padres deben enfrentarse a la situación antes de que se produzcan daños permanentes.

Cómo enfrentarse a la situación

La postura ante tal situación variará dependiendo del curso y el nivel escolar del niño. En los colegios muy pequeños las alternativas pueden ser limitadas. Se trata de una situación delicada que hay que tratar con suma precaución; pero la precaución no implica falta de decisión y perseverancia a la hora de proteger los intereses de los hijos.

Supongamos que el niño y los padres han discutido la situación y que ésta no ha mejorado. Los padres, seguramente, se habrán puesto en contacto con el profesor cuando el niño empezó a quejarse de la relación existente, pero los padres no están satisfechos con los resultados y piensan que ni el niño ni el profesor son capaces de adaptarse para mejorar la situación.

La participación del niño
Si el niño está en los primeros cursos, quizá los padres no deseen que participe en la resolución del problema, porque de ser así puede sentir angustia o miedo a las repercusiones por parte del profesor. En tal caso, los padres tendrán que ser defensores y portavoces de su hijo. Pero si el niño se encuentra en cursos más avanzados, debe participar. Debe enfrentarse a asuntos que afectan directamente a su vida, siempre con la ayuda, la presencia y el aliento de los padres. No se debe obligar a los niños de cursos elementales a enfrentarse a graves problemas crónicos con el profesor a solas, pues se encontrarían en desventaja.

Los padres quizá tengan que tomar una decisión difícil: hasta qué punto pueden confiar en lo que les cuenta su hijo. Contarán con una ventaja considerable si entre ellos existe una relación de sinceridad y confianza. En otro caso, deben andarse con cuidado para que «luchar por el niño» no se transforme en un medio para recuperar su confianza. Se parte de la suposición de que los padres creen al niño; de no ser así, el problema puede plantearse entre padres e hijos, no en la relación de éstos con los profesores.

Hablar con el profesor y con el director
El profesor necesita saber qué les ha contado el niño a los padres y cómo entienden éstos la situación. Una conversación seria con el profesor puede suponer un cambio positivo. Los padres tienen que decidir si creen al profesor cuando les cuenta lo que sucede en el colegio. En otro caso, conviene concertar una reunión entre padres, profesor y director. Si los padres no conocen a este último, deberán ponerse en contacto con él, presentarse, explicar el motivo de la reunión e indicar que desean en-

contrar una buena solución al problema. Esto es muy importante, porque si los padres muestran una actitud agresiva, le dicen lo que quiere que haga y reducen las opciones de actuación de la dirección del colegio, quizá se encuentren con una resistencia hostil y no sean escuchados. La actitud del director ante el niño en este proceso indicará a los padres si se convertirá o no en su defensor.

La reunión entre padres, profesor y director también es importante porque significa que los primeros no son capaces de resolver el problema. La edad y actitud del niño determinará si debe asistir a las reuniones. Al final de las mismas, los padres decidirán si confían lo suficiente en el profesor como para continuar buscando soluciones mientras el niño permanece en su clase. En caso contrario, se debe solicitar un cambio de profesor.

El cambio con otro profesor

En principio, el colegio puede tomar la actitud de no cambiar al niño de profesor por razones administrativas (el tamaño de las clases, los contratos de los profesores, la política del colegio). Al llegar a este punto, muchos padres se dan por vencidos, sobre todo si se enfrentan a una enorme burocracia que parece no tener en cuenta sus peticiones. Pero esta actitud es errónea: las autoridades escolares desean mantener la calma, y los padres pueden ejercer un gran poder. Deben reaccionar diciendo: «Si no es ahora, ¿cuándo?» «Si no es aquí, ¿dónde?» «¿Qué proceso hemos de seguir para apelar contra sus decisiones?». Al tomar semejante actitud, los padres dan a entender al colegio que la educación del niño es importante y que no piensan darse por vencidos.

Si opinan que les están poniendo entre la espada y la pared, que les están mintiendo o que no reciben apoyo de la administración del colegio, deben acudir al siguiente nivel administrativo del distrito escolar, con el mismo procedimiento: ponerse en contacto con la autoridad correspondiente, presentarse, explicar la situación desde el propio punto de vista y expresar el deseo de encontrar una solución aceptable. También se puede escribir una carta al inspector del distrito y enviar una copia al consejo escolar. A muchas autoridades escolares no les hace ninguna gracia que el nombre de un miembro del consejo escolar aparezca en una carta en la que se presentan quejas, porque normalmente son atendidas de inmediato.

Si los padres han llegado hasta este punto, es muy probable que se encuentre una solución. En la mayoría de los colegios no quieren que los padres insatisfechos movilicen a otros que luchen contra el sistema escolar. El objetivo consiste en encontrar a alguien dentro de dicho sistema con el que sentirse cómodo y con el que poder identificarse a la hora de buscar el bienestar del niño como preocupación fundamental, no el del profesor o el propio sistema.

13
Cuando el niño parece tener miedo de ir al colegio

Muchos niños pasan por épocas en las que tienen miedo de ir al colegio, algo que no debe sorprender, porque el colegio puede ser un lugar intimidante para una criatura de corta edad. Son pocos los niños que no han experimentado este sentimiento y que no han evitado ir a clase en un momento u otro.

Algunos temores surgen de sus experiencias en el centro o del camino que tienen que recorrer hasta llegar allí, pero otros proceden de unas razones subyacentes que en algunos casos no guardan relación directa con el colegio. El miedo al colegio entra en la categoría psicológica de «fobia escolar», pero no conviene utilizar dicho término porque supone la existencia de una «enfermedad» específica para la que también existe una «cura» específica. El primer paso a dar consiste en comprender qué le ocurre al niño.

Por qué tienen miedo los niños

- El niño quizá no sea capaz de soportar las tensiones de la situación enseñanza/aprendizaje o de la interacción social con otros niños. Se siente intimidado por el tamaño del colegio y abrumado por el gran número de niños.

- El niño quizá tenga una visión distorsionada de lo que está ocurriendo: percibe la actitud del profesor de una forma desproporcionada o ha desarrollado temores infundados respecto a niños más altos o mayores que él. Quizá vea amenazantes ciertas situaciones que en realidad no lo son.
- El niño siente angustia por su actuación escolar y un excesivo temor al fracaso. Tal vez encuentre dificultades para realizar las tareas y tema las consecuencias.
- Le molestan otros niños, con o sin conocimiento del profesor, y no sabe cómo enfrentarse a ellos. Quizá le dé miedo decírselo a los padres porque sus compañeros le han amenazado con pegarle.
- Otros niños o adultos maltratan al niño cuando va al colegio o cuando vuelve, creándole miedo y angustia.
- El niño no puede enfrentarse al hecho de no ser ya el centro de atención como ocurría en su casa antes de empezar a ir al colegio. No sabe resolver su frustración al no obtener lo que desea o al ver que las cosas no se hacen a su modo.
- El niño experimenta el síndrome de separación. Nunca se ha alejado de su casa ni de sus padres anteriormente y ha desarrollado pocas estrategias para enfrentarse con la situación.
- Si la familia atraviesa una crisis grave, como una enfermedad, un divorcio u otro problema, el niño quizá tenga miedo de salir de casa por si ocurre algo terrible durante su ausencia.
- El niño puede temer que le ocurra algo malo a uno de los padres (por lo general a la madre) durante su ausencia. Está convencido de que depende de él para recibir apoyo emotivo o ayuda. Se siente excesivamente responsable de lo que sucede en casa.

Las anteriores son algunas de las razones por las que el niño puede sentir temor de ir al colegio. La situación es complicada cuando no sabe distinguir entre las cosas reales y objetivas y las distorsionadas o empañadas por problemas emocionales. Muchos niños no pueden identificar qué es lo que les asusta del colegio, porque no lo saben o les da miedo admitirlo.

El niño puede comunicar su temor al colegio de una forma indirecta. Es posible que se queje de una enfermedad o de sensaciones vagas, que tenga dificultades a la hora de dormir o despertarse, o que desarrolle problemas con las comidas.

El niño no tendrá éxito en el colegio si no asiste con frecuencia, pero es muy importante que se sienta cómodo en él. Si suprime sus temores y se fuerza a asistir a clase para evitar el castigo, su capacidad de aprendizaje quedará limitada. Si bien es fundamental que logre vencer sus temores y vaya al colegio, también lo es comprender las causas de su miedo.

Qué deben hacer los padres

Aunque no puedo diagnosticar lo que experimenta el niño en relación con sus temores al colegio, sí puedo presentar varias sugerencias a tener en consideración.

- Cuando el niño exprese sus temores, se le debe escuchar con atención y mantener la calma. No se deben descartar sus temores por considerarlos insignificantes o imaginarios. Lo cierto es que en la mente del niño pueden parecer muy reales, y hay que tomárselos en serio.
- El objetivo consiste en comprender los sentimien-

tos del niño para ayudarle a ir al colegio. Una conversación tranquila y desapasionada puede resolver el problema si no ha llegado demasiado lejos.

- Si el niño quiere que los padres lo lleven al colegio y esto es posible, hay que decidir un número de veces limitado y recordarle al niño que existe tal límite. Si no es posible (debido al horario de trabajo u otros factores) hay que decirlo con toda claridad y buscar una alternativa. Quizá puedan hacerlo los padres de algún compañero.
- Hay que intentar que el niño supere sus temores por sí mismo, lo que equivale a decir que los padres deben encontrar respuesta a la siguiente pregunta: «¿Qué es lo que necesitas de nosotros (o del profesor o de otras personas) para sentirte mejor en el colegio?».
- Hay que limitar el número de veces que se ayuda al niño lo más posible, con ciertas condiciones. Por ejemplo, empezar por acompañarlo al colegio durante unos días y después sólo hasta el autobús o hasta medio camino unos días más, retirando la ayuda gradualmente hasta acabar por no prestarle ninguna en este terreno. Hay que transmitir al niño sensación de seguridad estando con él, pero no desarrollar un grado de dependencia excesivo. Es importante formar una «coalición» con él para ayudarle a superar los temores, sobre todo cuando surgen de problemas emotivos.
- Si el niño insiste en que los temores proceden de sucesos reales que se producen en el colegio, se debe ver al profesor, pues quizá pueda ayudarle a enfrentarse a ciertas situaciones escolares.
- Si el evitar ir al colegio guarda relación con tensiones o crisis que se dan en casa, hay que desarrollar

métodos para reducir la angustia, hablar con el niño sobre la situación familiar de una forma adecuada para su edad y grado de desarrollo. Hay que averiguar de qué tiene miedo. Es buena idea llamarle al colegio durante el día para convencerle de que los padres u otros miembros de la familia se encuentran bien.

- No se debe permitir al niño que se quede en casa porque tenga miedo de ir al colegio. Con esto sólo se consigue eludir el problema, pero no resolverlo. Si los temores del niño son completamente irracionales y muestra una actitud emotiva, se debe pedir ayuda profesional, la mayoría de los colegios cuentan con psicólogos.

El miedo forma parte del proceso de crecimiento, y todos los niños desarrollan temores a algo. El colegio puede activar muchos de los miedos normales inherentes a los niños. Las presiones sociales, el éxito y el fracaso, la separación de la madre, las nuevas tareas y responsabilidades y la ausencia de los seres queridos pueden convertir el colegio en un lugar conflictivo. Sin embargo, muchos de estos temores pueden desaparecer rápidamente si se consigue que el niño se sienta comprendido y aceptado. Necesita saber que los padres le prestan apoyo y que posee el poder de superar sus temores si lo intenta con ahínco.

14
Cómo enfrentarse al divorcio

Desgraciadamente, el divorcio es hoy en día tan corriente como el matrimonio, a pesar de lo cual muchos colegios siguen actuando como si los niños vivieran con el padre y la madre juntos, cuando en muchos casos no sucede así. Los padres divorciados, sobre todo los que no mantienen la custodia, tienen que asumir la responsabilidad de seguir participando en la educación de sus hijos. Cuando su participación es acertada, ayudan al niño a obtener éxito en el colegio.

Existen diversas clases de divorcios, desde aquellos en los que la pareja mantiene una relación amistosa hasta aquellos en los que el resentimiento y la desconfianza son tan profundos que resulta imposible aunar esfuerzos para apoyar la educación de los colegios. Cuando se encuentra en entredicho quién se quedará con la custodia, a veces los colegios se convierten en auténtico campo de batalla para los padres. Es una idea muy extendida que quienes sufren más con el divorcio son los hijos, y sus consecuencias se ven en el colegio mejor que en ninguna otra parte.

Paradójicamente, cuanto más pueda actuar una pareja de divorciados como si continuaran felizmente casados, mejor será para el niño. Esto significa que deben comunicarse abiertamente, tener valores y actitudes semejantes ante el colegio, asistir a las actividades escolares, entrevistarse juntos con los profesores y proporcionar ayuda sólida al niño. La mayoría de las parejas casadas no consiguen hacerlo muy bien. Se puede considerar afortunada la pareja que tras el divorcio logra llegar a un compromiso en beneficio de la educación de los hijos.

Qué se debe evitar

Hay varias cosas que deben evitar los padres divorciados si ambos desean seguir participando en la educación de los hijos.

- No exigir al niño que se enfrente con el tema del divorcio en el colegio, como supondría tener que pedir dos copias de todo lo que allí le entreguen (convocatorias, etc.) y que tenga que decidir qué darle al padre y qué a la madre.
- No pedir al niño que llame a diario al miembro de la antigua pareja con la que no vive para contarle qué tal le ha ido en el colegio (ni siquiera cada dos días).
- Hay que ser conscientes de que los niños de corta edad harán casi cualquier cosa que le pidan los padres divorciados con la esperanza de solucionar la situación o volver a reunirlos. Tales fantasías se prolongan durante mucho tiempo, y dan la impresión de que a los niños les gusta hacer cosas que en realidad detestan.
- La actuación escolar de la mayoría de los niños se resiente durante el divorcio y durante otra larga temporada posterior a éste. Si los padres adoptan una actitud crítica o exigente y presionan a los hijos para que la mejoren, sólo conseguirán añadir tensiones a

una situación sumamente tensa de por sí. La mayoría de los niños no puede satisfacer las distintas exigencias que presentan unos padres divorciados.

- Si los padres divorciados no mantienen ninguna comunicación, no deben pedir a los hijos que ejerzan el papel de puente, ni siquiera en lo referente a asuntos del colegio. El hecho de que estén deseando hablar con los dos no significa que tengan que hacer de portavoz de las partes en conflicto.
- No se debe poner en medio ni al colegio ni al profesor. Los padres divorciados que no se mantienen en comunicación llegan a veces a un «acuerdo» con el colegio para obtener información sobre los hijos, pero a menos que se den datos claros, las autoridades escolares no saben quién tiene la custodia ni cuáles son los acuerdos formales entre la pareja divorciada, ni desean que los padres conviertan al niño en una víctima. Además, tampoco saben a quién tienen que transmitir la información, y si acuden al niño para resolver los problemas, les hacen responsables de algo que no les incumbe.

El motivo por el que hay que evitar lo anteriormente dicho es que en el colegio se sentirán incómodos con el niño, y se reducirá la motivación de éstos para tener una buena actuación escolar. Cuando surgen sentimientos negativos relacionados con el colegio a causa de estas presiones, el niño no se encuentra satisfecho. Empezará a convencerse de que el colegio es la fuente de sus sufrimientos, ya que allí no desean culpar a sus padres. Debido a la lealtad hacia los padres y las fantasías de reunificación de la familia acabará por culpar al colegio, porque los niños de corta edad con padres divorciados suelen negar los defectos de sus progenitores.

A pesar de todos estos problemas, los padres divorciados pueden mantenerse unidos en lo referente a la educación de los hijos. Lo lógico es que a ambos les preocupen sus hijos lo suficiente como para dejar a un lado las diferencias y ejercer el autocontrol con el fin de evitar que el niño se vea en una situación comprometida.

Qué se debe hacer

- Poner en conocimiento del colegio la dirección de ambos padres y pedir que se envíe el correo a los dos domicilios. En el caso del padre que no se ha quedado con la custodia, es una buena idea proporcionar al colegio sobres con la dirección escrita y el franqueo pegado, de modo que le puedan enviar copias de los documentos.
- Poner en conocimiento del profesor y el director que el padre y la madre están disponibles en caso de emergencia y darles los números de teléfono de casa y del trabajo.
- A ser posible, en el colegio deben conocer los términos de la custodia, con el fin de cumplir sus obligaciones legales y satisfacer las necesidades del niño.
- Se debe intentar que el niño continúe en el colegio al que asistía antes de la separación, porque allí le conocen y pueden ocuparse de sus necesidades emotivas, y porque, como su vida familiar se ha desestabilizado, el colegio se convierte en la única constante de su vida. El niño necesita estabilidad y seguridad más que nunca.
- Al menos uno de los miembros de la pareja divorciada debe asistir a todas las actividades que organice la escuela. Si los dos no pueden soportar la idea

de estar en la misma habitación, hay que decidir quién asistirá, y dar la oportunidad al otro de asistir si en el último momento el que debía ir no puede. El saber que al menos uno de los padres estará presente confiere al niño un sentimiento de seguridad.

- Hay que mantener las condiciones necesarias en casa de los padres para que los niños hagan los deberes si se vive en la misma zona. El saber que al visitar a los padres dispondrán de tiempo y espacio para realizar sus tareas proporciona una sensación de continuidad con respecto al colegio y refuerza su importancia.
- Conviene hacer un «fondo común para el colegio», para gastos especiales (excursiones, etc.). Esto contribuirá a que en el colegio sepan que a ambos padres les importa lo suficiente como para pagar por ello, y afectará favorablemente al niño. Incluso si estos gastos corren a cargo de la pensión alimenticia del niño, éste comprenderá el interés de los padres.
- Si los padres divorciados pueden unirse para la educación de los hijos, aunque no sea para nada más, el colegio cobrará mayor importancia, porque lo considerarán un punto en el que ambos están «juntos». Desenvolverse bien en el colegio permite al niño satisfacer a su padre y a su madre al mismo tiempo, oportunidad que quizá no tengan en ningún otro terreno. En parte, los deseos, tan profundos como inconscientes, de unir a la familia pueden satisfacerse cuando los padres se ponen de acuerdo en cuanto a los temas escolares. Si los dos ex cónyuges siguen participando de una forma adecuada, los hijos se convencerán de que el colegio es fuente de alegría y no de sufrimiento y sus posibilidades de éxito aumentarán considerablemente.

15
Últimas recomendaciones

El colegio puede parecer un sitio extraño, ajeno, en el que a veces no se entiende qué ocurre. A los alumnos se les pide constantemente que hagan cosas que no saben cómo hacer, y cuando por fin lo averiguan, se les pide algo totalmente nuevo que aún no han aprendido. Tienen que cumplir ciertas exigencias impuestas por extraños, no por sus padres, y encima no pueden ejercer la menor influencia sobre ellos. Gran parte de las cosas que los niños hacen en el colegio no parecen tener un objetivo inmediato, al contrario de lo que ocurre en la vida exterior, en la que se hacen por razones concretas. Si preguntan a los padres por qué tienen que hacerlas, la respuesta es que se trata de una preparación para el futuro, tema sobre el que el niño no ha recibido mucha información. Para muchos niños, el colegio no tiene ni pies ni cabeza y necesitan la ayuda de profesores y padres, porque si empiezan con mal pie, difícilmente podrán enmendarse más adelante.

El presente libro trata sobre la ayuda que pueden prestar los padres a los hijos para que éstos comprendan el colegio y lo que en él se les exige. Una de las razones por las que los padres no participan en la educación es porque no entienden mejor que los niños el significado del colegio, pero aquéllos poseen las estrategias necesarias para superar ese problema y ayudar a los hijos en el proceso.

Los padres que no tienen sentido de la responsabilidad con respecto a la educación inculcarán la misma actitud en sus hijos. Para el niño resultará difícil tomarse las cosas en serio si sus propios padres no lo hacen, sobre todo cuando es muy pequeño y está desarrollando actitudes hacia el colegio y el lugar que ocupa en él. En los debates actuales sobre la educación muchas veces se pierde el interés de los padres como factor fundamental en la actuación escolar.

La gente culpa a los colegios de la mala actuación escolar de los niños, los colegios a los padres y a la sociedad en general por no apoyarlos con dinero y tiempo. Ambos tienen razón, pero sólo en tanto en cuanto los educadores profesionales no pueden realizar su tarea sin el apoyo activo de los padres, independientemente del dinero. El elemento fundamental radica en la participación de los padres en la educación, circunstancia que han venido a demostrar numerosos estudios. Es una idea muy sencilla, quizá demasiado sencilla.

Algunos niños se entusiasman con la posibilidad de aprender a leer sin el apoyo de los padres, pero se trata de una proporción pequeña. No se puede depender de la afición innata por el conocimiento para que el niño triunfe en el colegio. En la mayoría de los casos, el amor por el conocimiento surge más tarde, incluso después de haber terminado el colegio. En los primeros años es más probable que los niños se desenvuelvan bien si tienen sentido de la responsabilidad y una actitud de «buenos trabajadores» ante el colegio. Si se sienten motivados, encontrarán un método de trabajo con el apoyo de los padres.

En el presente libro no se tratan temas especiales, como niños con problemas físicos o de aprendizaje ni que posean una inteligencia superior y que asistan a centros normales. Tampoco se exponen los problemas de raza o de discriminación sexual que tantas veces surgen en la enseñanza primaria. Sin embargo, los asuntos que se presentan en este manual ayudarán a enfrentarse a estos problemas especiales en cualquier situación en la que se encuentren padres e hijos. Los niños disminuidos, los que poseen talentos especiales, los pobres, los extranjeros, los que pertenecen a una minoría... todos tienen algo en común: el hecho de ser niños. Las tensiones de la educación son semejantes para todos y las soluciones también poseen características parecidas. Cuando un niño con minusvalías mentales y otro con cerebro normal se quejan del colegio, el proceso de enfrentarse a sus quejas es muy semejante, si bien los detalles pueden diferir.

Muchas personas que hayan leído otros títulos de esta colección quizá se pregunten por qué no he tratado el tema de la autoestima, quizás uno de los elementos fundamentales para el éxito en el colegio. Por una razón muy sencilla: merece un capítulo aparte, tal y como se expone en el libro que lleva por título *Cómo desarrollar la autoestima en los niños.* Sin embargo, muchas de las sugerencias que presentamos en el presente libro ayudarán al niño a fomentar y mantener su autoestima. Incluso los niños que no presentan ningún problema a este respecto necesitan reafirmarse con el fin de tener éxito en el colegio.

Participar en la educación de los hijos puede resultar incluso divertido. Tanto los padres como los educadores conocen a personas interesantes, y se aprende al mismo tiempo que los niños. Los colegios pertenecen tanto a los padres como a los hijos y éstos no pueden dejarlos aparte, porque no saben cuánto perderían si no participaran en su educación.

Los colegios son además foros de competición, en los que los niños se preparan para enfrentarse a las fuerzas de nuestra sociedad democrática y de libre mercado. Debido a esto algunos niños serán ganadores y otros perdedores, pero al menos es posible conseguir que haya más entre los primeros que entre los segundos. Los padres pueden equilibrar la balanza y apoyar a sus hijos de modo que se encuentren en el platillo de los ganadores.

En el momento en el que se escribe el presente libro el mundo está sometido a profundos cambios que tendrán consecuencias duraderas. Cada vez resulta más difícil predecir cómo será la sociedad, con qué problemas se enfrentará y qué estrategias necesitarán los niños que empiezan a ir al colegio en la actualidad. Pero hay algo muy claro: los niños que obtienen éxito en el colegio tienen muchas más posibilidades de triunfar en la vida en general. ¿A qué padre no le gustaría proporcionar los medios necesarios para ese triunfo?

Índice

Título de la edición original:
How to Help Your Children Succeed in School
Traducción del inglés: Flora Casas,
cedida por Editorial Debate, S.A.
Diseño: Winfried Bährle
Ilustración de la portada: Ángeles Ruiz

Círculo de Lectores, S.A. (Sociedad Unipersonal)
Valencia, 344, 08009 Barcelona
3 5 7 9 7 9 0 7 8 6 4

Licencia editorial para Círculo de Lectores
por cortesía de Editorial Debate, S.A.

Depósito legal: B. 22629-1997
Fotocomposición: gama, s.l., Barcelona
Impresión y encuadernación: Printer industria gráfica, s.a.
N. II, Cuatro caminos s/n, 08620 Sant Vicenç dels Horts
Barcelona, 1997. Impreso en España
ISBN 84-226-6632-4
N.º 31435 A